手相は丘が9割

幸運を招く手相術

川口克己 著

太玄社

はじめに

手相占いは、数千年前の古代インドが起源と言われ、そこから世界に広がり発展を遂げてきたものです。それだけに、先行きが不透明な現代にあって、一つの大きな道しるべになるものと言えます。

手のひらという小さな世界ですが、その中にはあなたの人生の縮図が詰まっています。性格はもちろん、恋愛や結婚、健康、お金、そして職業など、過去から現在、そして未来に至るまで、あらゆることが、あなたの手のひらを見ればわかるのです。

ただ、残念なことに、「手相は面倒」「線が複雑で難しい」と、これまで敬遠してきた方も多いのではないでしょうか。たしかに手のひらの上を縦横に走る「線」を的確に読み解くには、かなりの勉強が必要で、素人の方にはなかなか難しい世界であることは否めません。

でも安心してください。素人の方でもすぐに手相占いを理解できる「秘策」があるのです。それは「線」ではなく「丘」を見ることです。

手のひらを見てください。ぷっくりと盛り上がった膨らみがいくつかあるのがわかるでしょう。それが「丘」です。「線」に比べたらわずかな数です。実はこの丘の意味さえわかれば、線の意味を知らなくてもある程度のことがわかってしまうのです。

本書ではこの丘について詳しく解説することにしました。類書にはない本書の特徴、個性がここにあります。まずは丘をよく知り、その上で線を見ていけば、より早く理解できるし、手相というものを深く知ることができるはずです。

私は占いというものを「幸福に生きるための武器」と考えています。手相を見れば、いいことも悪いことも見えてきますが、仮に悪いものが見えたとしても、それをいい方向にもっていかなければ意味がありません。本書ではそのあたりに特に留意し、みなさんが前向きになれるような解説を心がけたつもりです。

今は、苦しい、悩んでいるといったあなたでも、この本を手に自分の手のひらを見つめれば、きっと夢を持つことができ、希望の光が見えてくると確信しています。

手相は丘が9割

幸運を招く手相術

目次

第一章　手相の基本は「丘」にあり

第二章　「四大基本線」を知ればもっとわかる

第三章 「補助線」を知ればさらにわかる

第四章　手相は丘と線、線と線の組み合わせで見る

第一章

手相の基本は「丘」にあり

「丘」が一番大事

手相の世界において、手のひらにある盛り上がった部分を「丘」と呼びます。

一般に手相占いと聞くと、生命線や知能線といった「線」が主役と思われるかもしれませんが、そんなことはありません。むしろ「丘があっての線」と言ったほうが正確かと思います。それほど手相において丘は重要なのです。細かい線の知識などなくても、丘をきちんと見ることができれば、実はだいたいのことがわかってしまいます。

一方、線は人によって千差万別。濃かったり薄かったり、ぐじゃぐじゃうねうね、迷路のように複雑でわかりにくいものです。だから手相を本格的に学んだことのない一般の方が、線を神経質に追いかけても意味がありません。中途半端な知識と経験で手相を見てもミスジャッジを誘うだけなのです。

でも心配はいりません。

丘がわかれば大きな運勢はつかめるのですから。その数わずか十個。覚えるのも簡単です。まずは個々の丘の意味を知り、そのうえでさまざまな線がどの丘から（起点）どの丘に向かっているのか（終点）がわかれば、それらの線の意味するのも、運勢も、おのずと見えてくるのです。

だから、言いたいことはひとつだけ。

「丘が一番大事」

これを忘れないでください。

丘を制する者、手相を制す

クドいようですが何度でも繰り返します。

「線よりも丘」

丘を制する者、手相を制す、なのです。

手のひらの上にあるいくつもの丘。そのふくらみや張り、弾力を見れば、性格から健康状態、運勢に至るまでいろいろなことがわかります。

それぞれの丘には、なぜか西洋占星術における天体の名称がつけられています。それは「宇宙からのエネルギーを受け取り、格納している場所」だと考えられているからです。手相占いは東洋発祥の占術ですが、このように西洋の要素も含まれているのが面白いところでもあります。地球はつながっている、ということですね。

さて、手相を見る場合、左右どちらの手で見ればいいのでしょうか。基本的に利き手は「今」を表し、そうでない方の手は「過去」を表すと覚えておいてください。そういう意味で、利き手は「後天的に身についた価値観」や「行動」を、そうでない手はもともと持っている「先天的な価値観」や「潜在意識」を表します。したがって、これまでの運勢を見たいときは利き手でない方、今の状態や運勢を見たいときは利き手を見てください。

日本人は右利きが多いので、本書では「右手」を基に解説していきます。


では、人差し指のつけ根から時計と反対回りで見ていきましょう。

「丘」の名称と意味

●弾力がある丘は勢いがあります。

●発達しすぎると、その傾向が強く出すぎることがあります。

木星丘（ゼウス）
権力・名声・独立心・野心

土星丘（サターン）
真面目・努力・慎重・誠実

太陽丘（アポロン）
人望・評価・芸術

水星丘（マーキュリー）
商才・金銭・社交・伝達

第二火星丘（マルス）
内面的闘争心・忍耐

月丘（ダイアナ）
夢・芸術・他人

地丘（アース）
先祖・由緒・育ち

金星丘（ヴィーナス）
生命力・健康・身内

第一火星丘（マルス）
外部への闘争心・行動力

火星平原
全体的な運勢

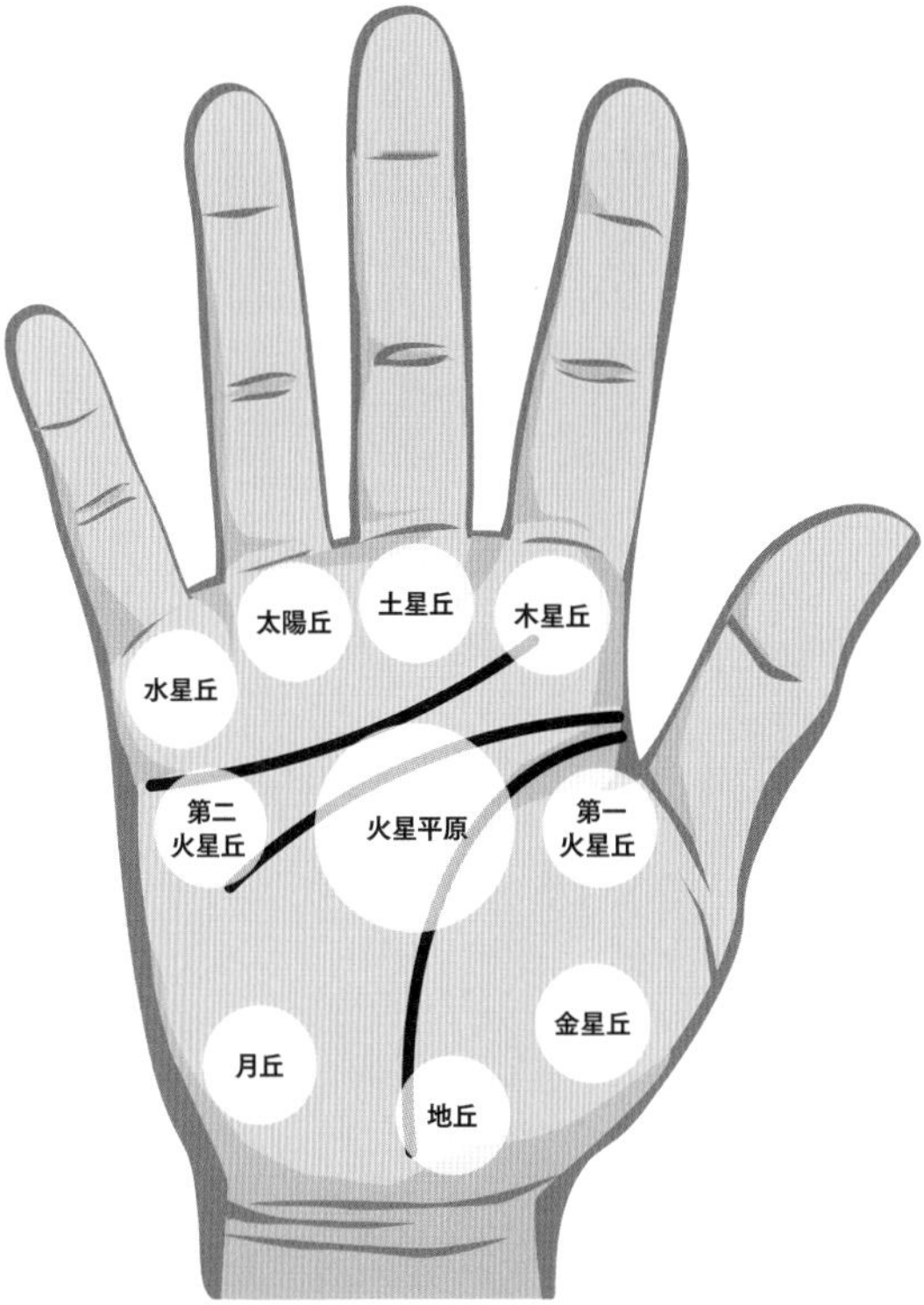

木星丘（ゼウス）リーダーの丘

人差し指のつけ根にあるのが「木星丘（ゼウス）」です。

ギリシャ神話の全知全能の神ゼウス（ジュピター）を象徴しています。ゼウスはあらゆる神の中で一番偉い神ということもあって、この丘はリーダーシップとか、社会的な地位や名誉、それに独立心や野心などを意味し、別名「リーダーの丘」「指導者の丘」とも言われています。

大物政治家や企業のトップ、スポーツの名将など、「人の上に立つ」人物は、ここが大きく盛り上がっている場合が非常に多いです。

戦後最大のリーダーの一人と言われる田中角栄元首相は「握手の天才」と言われていましたが、その手相を見ると木星丘がぐっと大きく盛り上がっていたという話を聞いたことがあります。私自身の鑑定経験からも、木星丘が立派な人には企業の社長さんなど、社会的に地位の高い人や成功者と言われる人がとても多いという印象があります。そういう意味で、実にわかりやすい相のひとつと言えるでしょう。

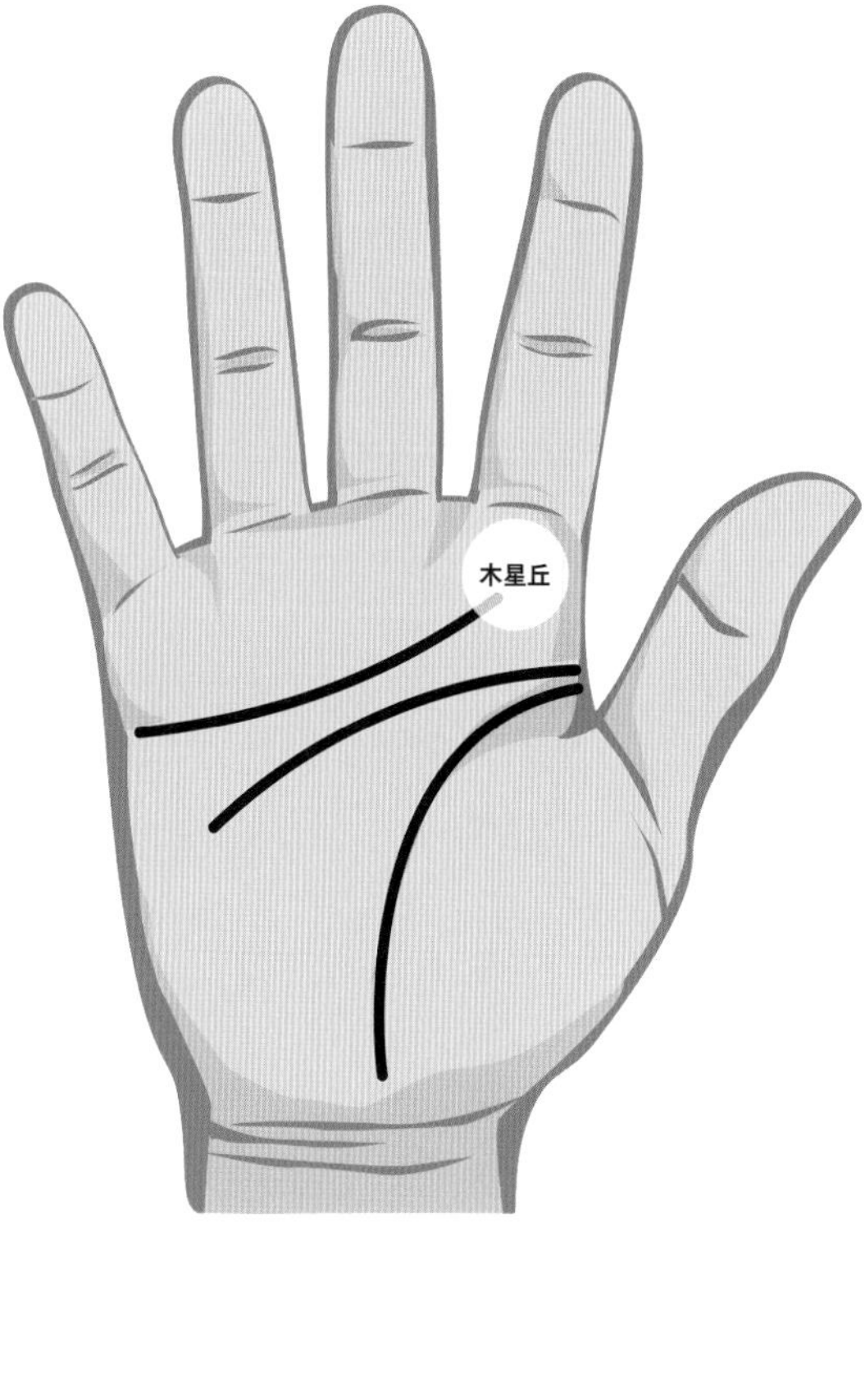
木星丘

土星丘（サターン）誠実の丘

中指のつけ根にあるのが、「土星丘（サターン）」と呼ばれる丘です。

ここは「真面目、努力、慎重、誠実」などを表しており、私は「誠実の丘」と呼んでいます。

この丘が豊かに膨らんでいる人は、際立った個性がない分、面白みに欠ける人物と見られがちですが、それの何が悪いのでしょうか。太く短く、面白おかしく生きるのも人生ですが、愛する少数の人と真正面から向き合い、日々の暮らしを丁寧に送ることもすばらしい人生です。それには誠実さが何より大切。派手さはないけれど平穏で滋味深い人生を送ることができる相なのです。

うさぎと亀で言えば亀タイプですが、最後に幸福をつかむのはこういうタイプなのかもしれません。

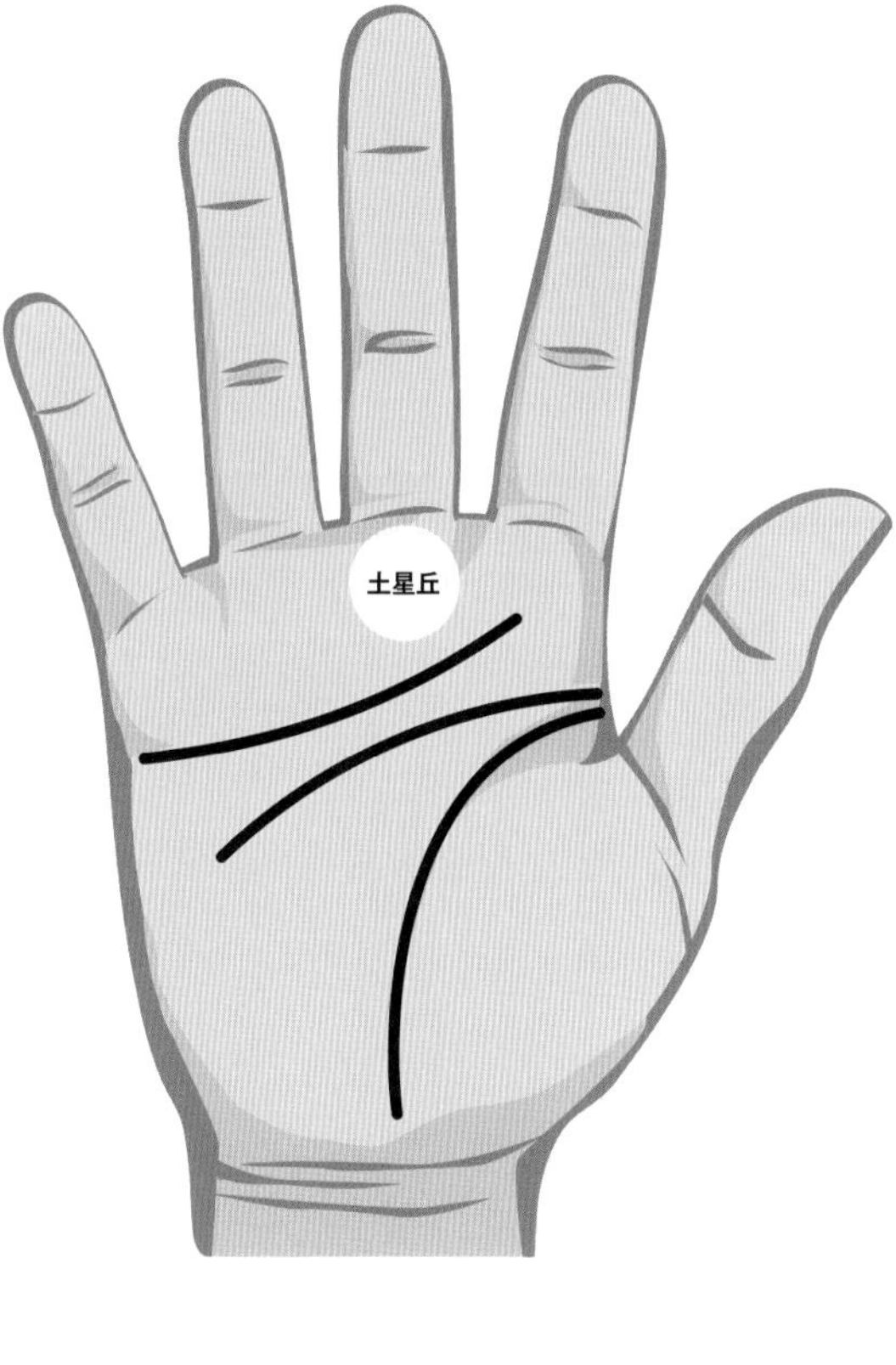
土星丘

太陽丘（アポロン）　人気者の丘

薬指の下にあるのが「太陽丘（アポロン）」です。

太陽神アポロンを司る丘で、太陽から来るエネルギーの貯蔵庫でもあります。

太陽は自ら光を放つ存在です。自ら表現することで輝き、人を惹きつける。つまりこの丘は人望や評価といったものを表しており、別名「人気者の丘」と呼ばれています。

人びとから高評価を受けて人気が出れば、社会的地位も当然アップすることから「出世の丘」と呼ばれることもあります。

自らの存在をアピールするかのように輝く、太陽を象徴するこの丘は、創造性や表現力、芸術性なども表しています。そのため、優れた芸術家にはこの丘が膨らんでいる人が少なくありません。その代表格が芸術作品『太陽の塔』で有名な岡本太郎。彼の太陽丘は異様なほど盛り上がっていたという説もあります。まさに「丘は人を表す」なのです。

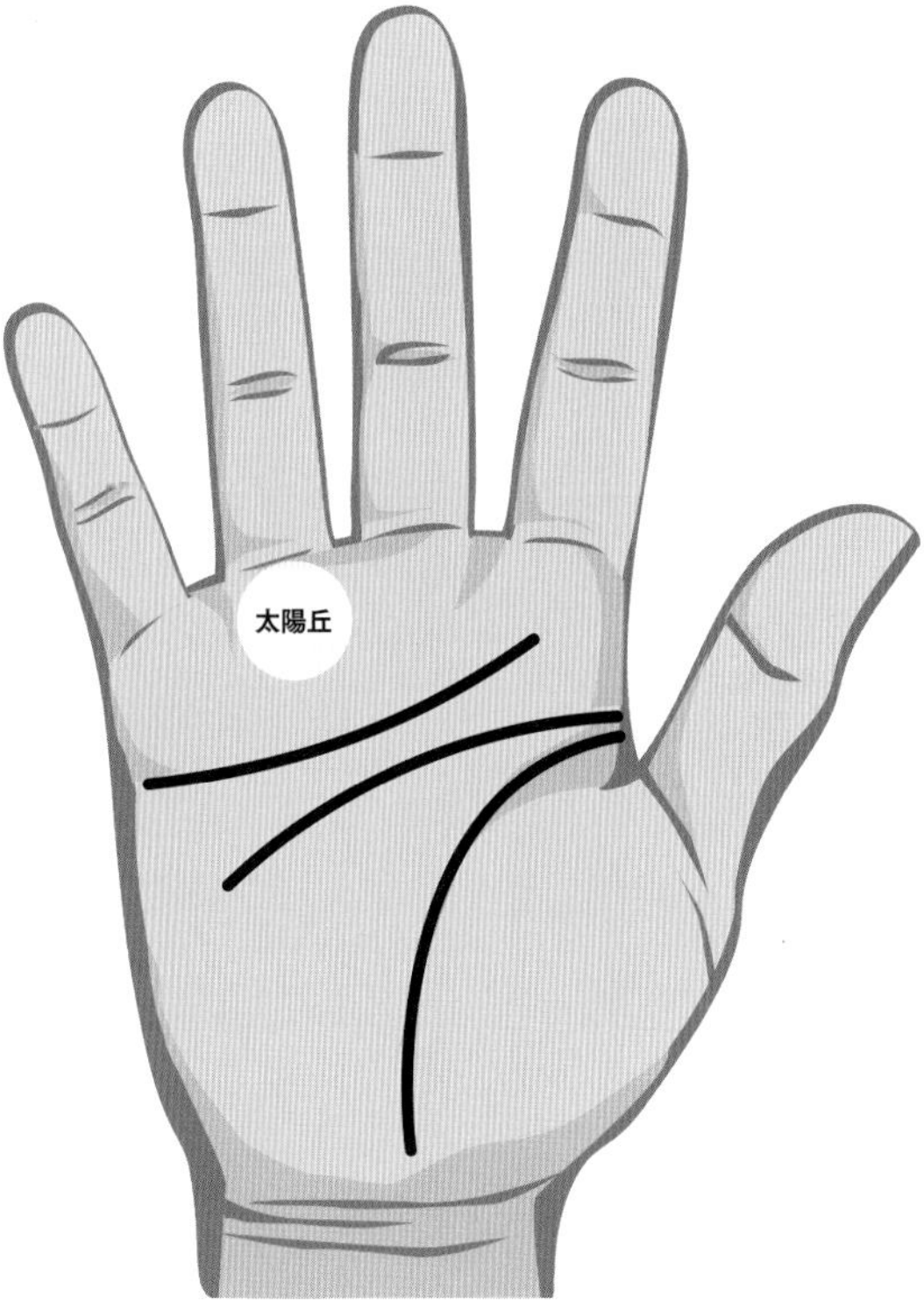
太陽丘

水星丘（マーキュリー）　商人の丘

小指のつけ根にあるのが「水星丘（マーキュリー）」。

水星は、コミュニケーション能力や財運を司っているとされ、この丘を見ることで、商売的なセンスがあるか、コミュニケーション能力や交渉能力があるのか、ひいては財運があるのかがわかります。そのため「商人の丘」とか「富豪の丘」とも言われています。

コミュニケーション能力が高い人は、当然のことながらネットワークを築くことに長けており、それはつまりビジネスで成功するタイプということになります。ここがぷっくりと膨らんでいればいるほど商売のタネや人脈、資金に困ることはありません。実にありがたい相と言えます。

中国一の富豪でアリババグループの創業者として知られる馬雲の水星丘は異様なほど盛り上がっているという話を聞いたことがあります。

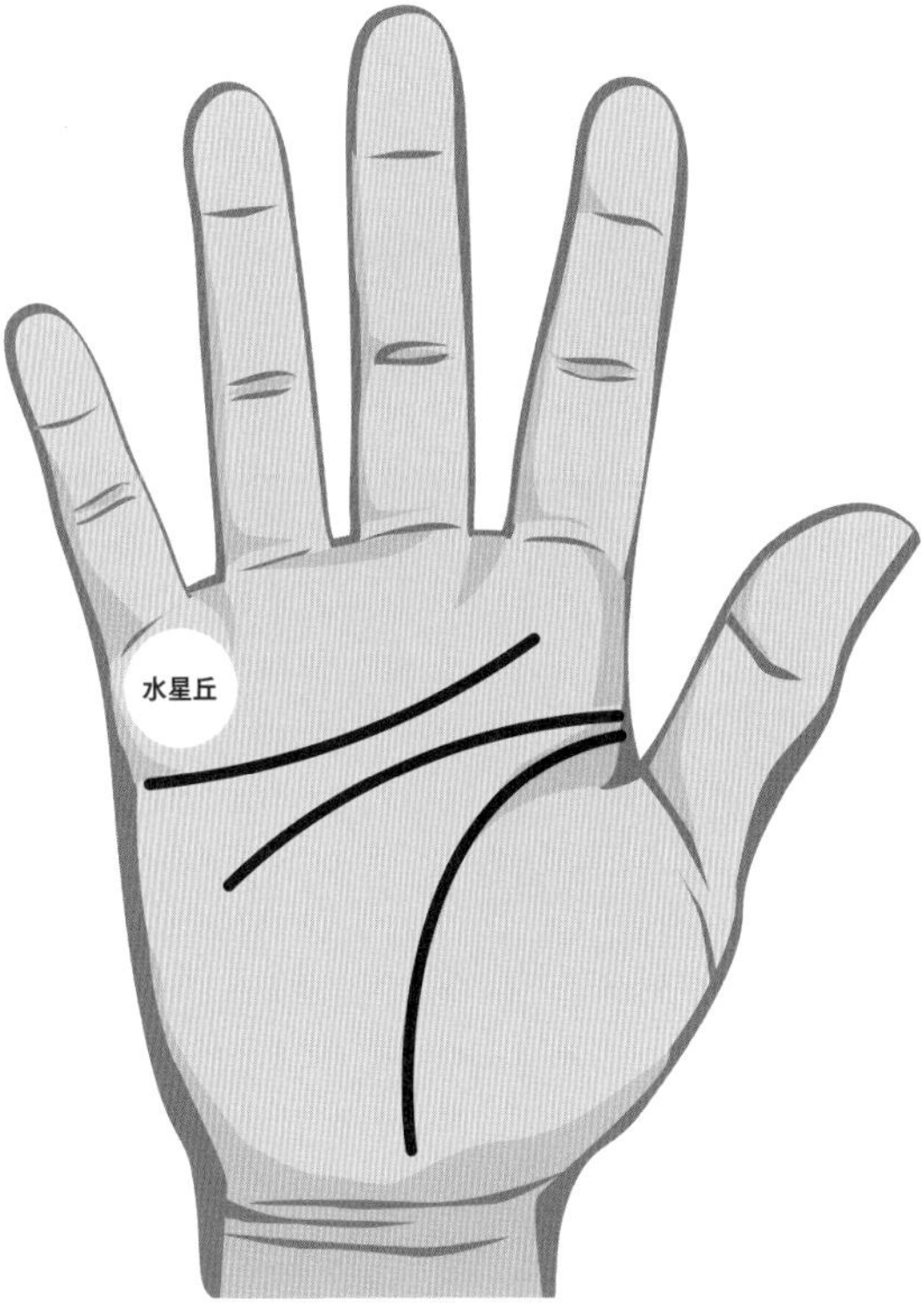
水星丘

第二火星丘（マルス）　忍耐の丘

水星丘の下、小指のつけ根と手首の間にあるのが「第二火星丘（マルス）」です。ここは「我慢・忍耐」、あるいは「自分との闘い」を表し、私は「忍耐の丘」と呼んでいます。

この丘が豊かかどうかは、他の丘と違って膨らみを見るのではなく、この丘から線が出ているかどうかを見ます。出ていたら、周りに流されず、自分自身と闘うことで幸運なことが起こりやすい相だと言えます。

またその場合、「絶対にこうする」と決めたら、どんな苦境に立たされても、諦めずに闘い抜くことができます。何であれ、物事を成し遂げることができるタイプとも言え、「成功への丘」と言い換えることもできるでしょう。

よく、天才とは一パーセントの才能と九九パーセントの努力によって生まれる、と言われていますが、後天的な努力によって、たえず変化していくのが第二火星丘なのです。

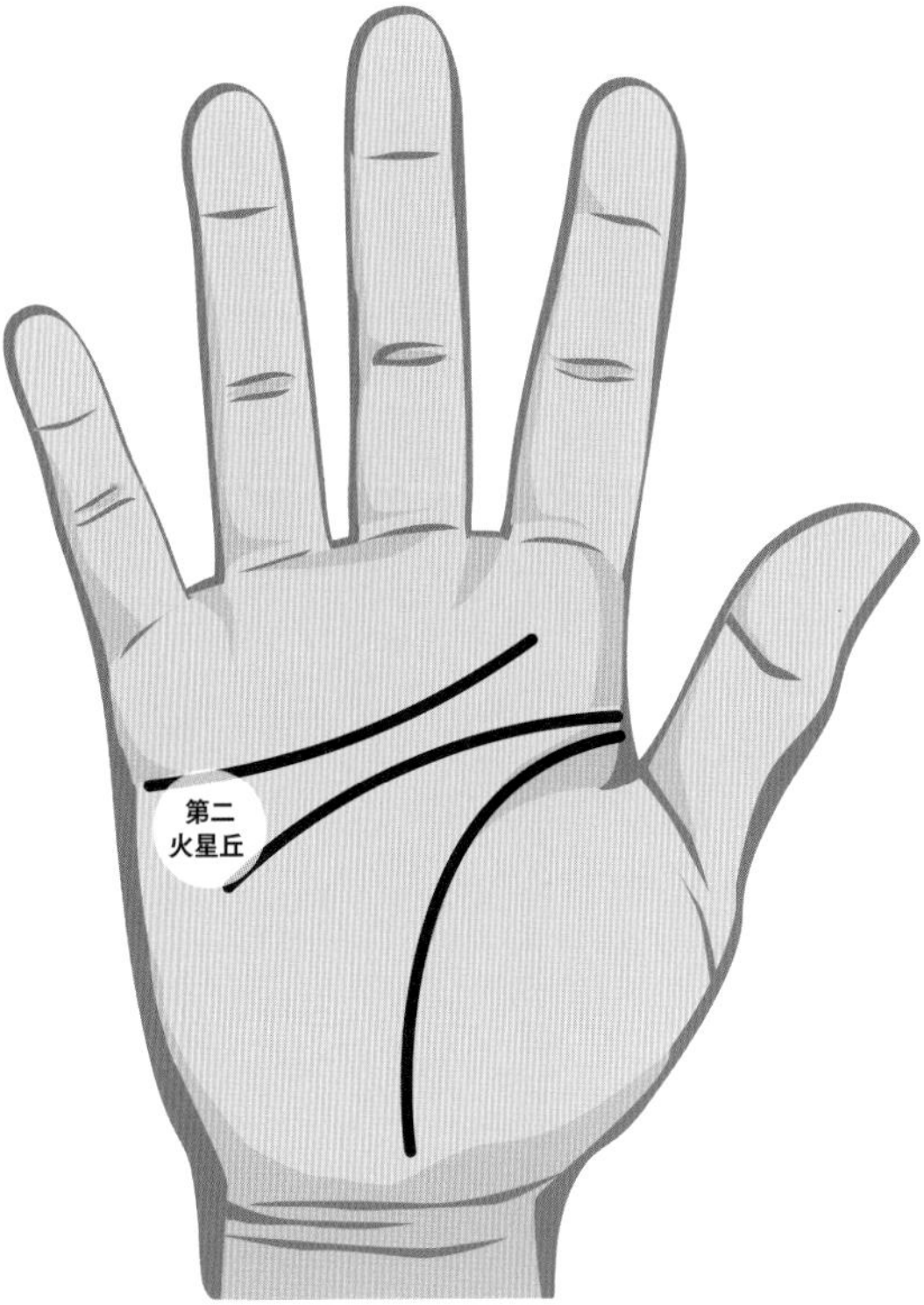
第二
火星丘

月丘（ダイアナ）　ロマンティストの丘

小指下側の手首のあたりにあるのが「月丘（ダイアナ）」です。月の女神であるアルテミス（ダイアナ）の司るエリアで、想像力や閃きといったクリエイティブな能力を表しています。アート（芸術）のセンスが高くアイデアマン。そしてロマンティックな人が多く、「ロマンティストの丘」とも呼ばれます。

月丘から縦、または斜め上方向に線が出ていたら、「他人との関係」を表します。例えば、月丘から運命線がスタートしていたら、他人に引き立てられて仕事をするとか、太陽線がスタートしていたら他人からの評価や人気が抜群など、そんな意味合いが加味されていきます。

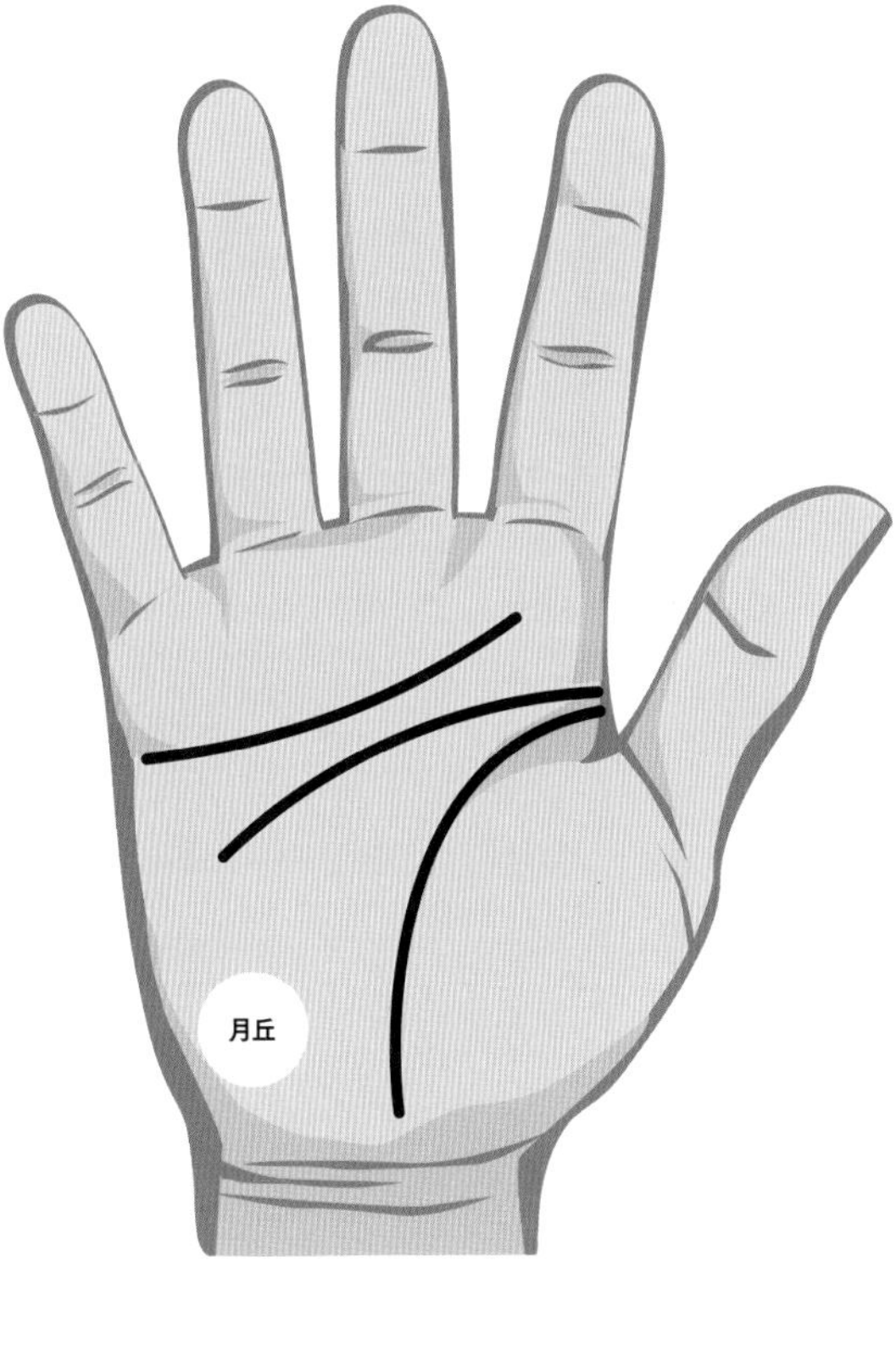
月丘

地丘（アース）　先祖の丘

手首のつけ根のちょうど真上にあるのが「地丘（アース）」です。

この丘はギリシャ神話の海の神であるネプチューンや、冥府（めいふ）のハーデス（プルート）の象徴とされ、「未知の世界」や「あの世」を意味する丘です。そこから「先祖との縁」や「生まれ育った環境」などの意味が生まれ、別名「先祖の丘」とも言われます。地丘から線が出ている場合には先祖がすばらしく、そのいいところが受け継がれていることを表しています。詳しくは後ほど述べますが、ここから運命線がスタートしていたら、生まれつき仕事に困らないとか、太陽線がスタートしていたらご先祖様から受け継いだ遺産なり、特性が評価されるなど「丘＋線」の組み合わせによって、さまざまな意味が生まれてきます。

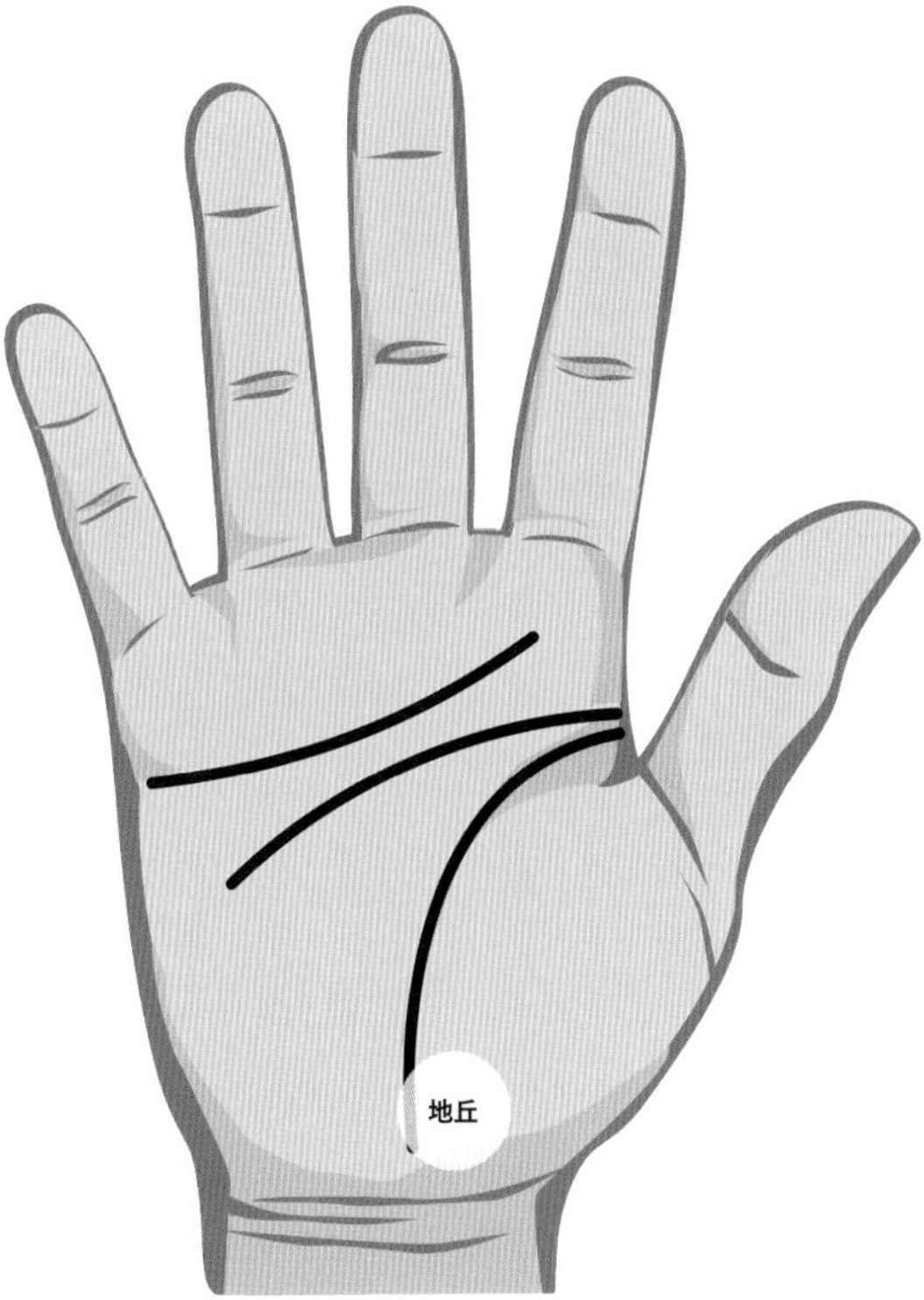
地丘

金星丘（ヴィーナス）　生命力・身内の丘

親指のつけ根にある膨らみが「金星丘（ヴィーナス）」です。大きく盛り上がり、張りがあるほど、意味するものは「強」となります。

ヴィーナスは、「恋愛」「健康」「美容」「生命力」などの象徴。他には「身内との関係」なども表します。そこから「生命力の丘」「身内の丘」とも呼ばれます。

この丘が大きく盛り上がっていたらあなたは健康そのもの。ぐっと盛り上がっているほど、精力や体力、そして精神力に恵まれている状態なのです。逆に、ペタンとへこんでいたとしたら免疫力や抵抗力が落ちて、気力も衰えている状態です。大病になりかかっているサインと捉えることもできますので注意が必要です。

また、金星丘から縦、もしくは斜め上方向に線が出ていたら、それは身内との関係性を表しています。例えば金星丘から運命線がスタートしていたら、身内の跡を継いで事業を続けていく、などと読み解くことができるし、またここから財運線がスタートしていたら身内から遺産が入るといったことを暗示することになります。

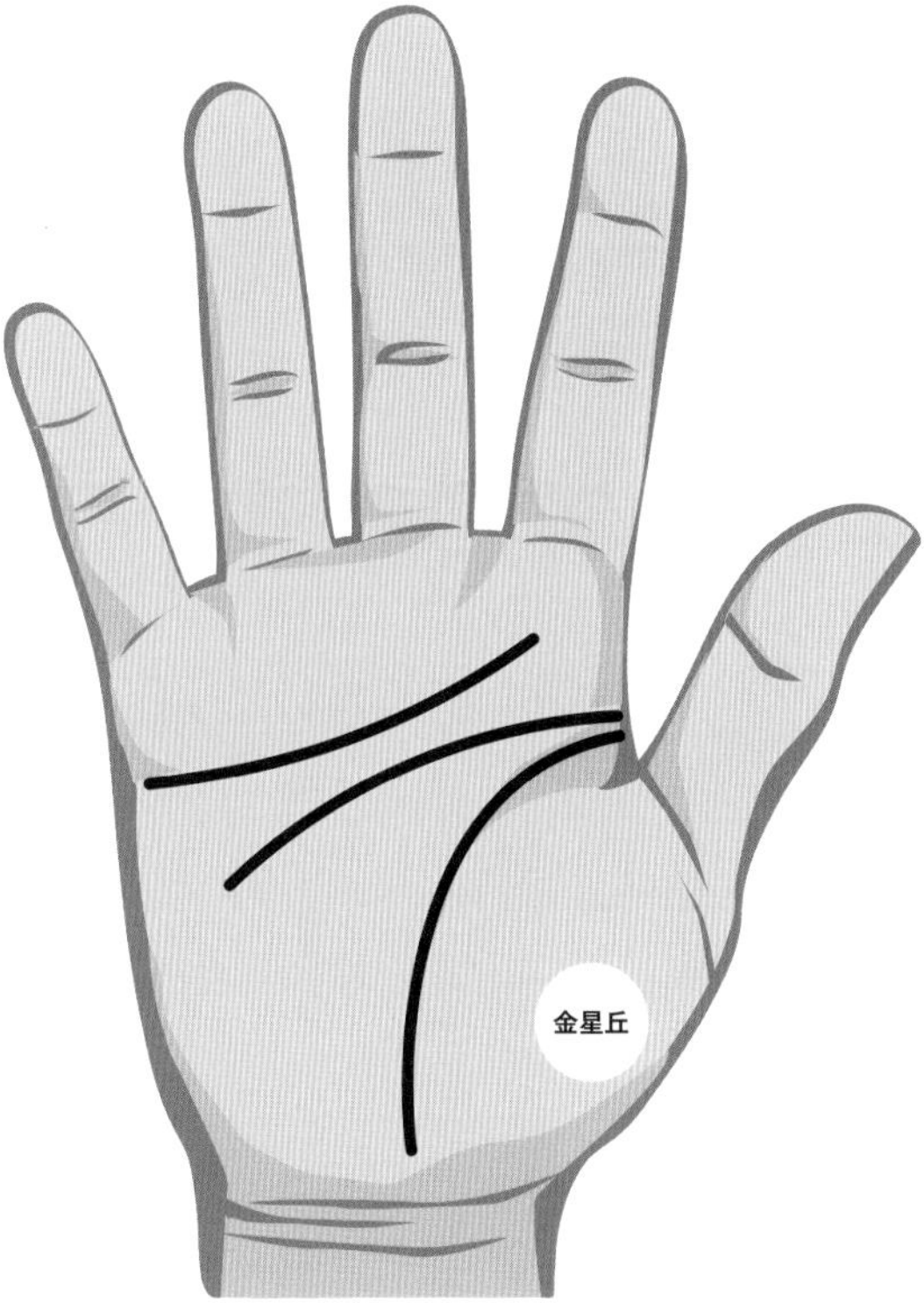
金星丘

第一火星丘（マルス）　闘いの丘

木星丘の下から親指のつけ根までのエリアが「第一火星丘（マルス）」。

ここは「外部・他者との関係性」を表す丘です。なかでも他者への闘争心が露わになるエリアなので「闘いの丘」と呼ばれることもあります。この丘を起点とした線が多い人ほど負けず嫌いで、欲しいものがあれば力ずくでも手に入れようとします。何事にも勝ち負けにこだわり、非常にアグレッシブな人生を送ることでしょう。

またこのエリアは丘と言っても、手のひらの構造上、へこむことはあっても膨らむことはまずありません。そうした場合、丘エリアに走る線を見るのが常道です。

ここに横線が刻まれたら要注意。手相における横線はほぼよくない線（例外もありますが）。「外部との関係性」の丘に横線が入るということはつまり、「外部からストレスを受けている状態」を表しています。休養をとる目安にしてください。

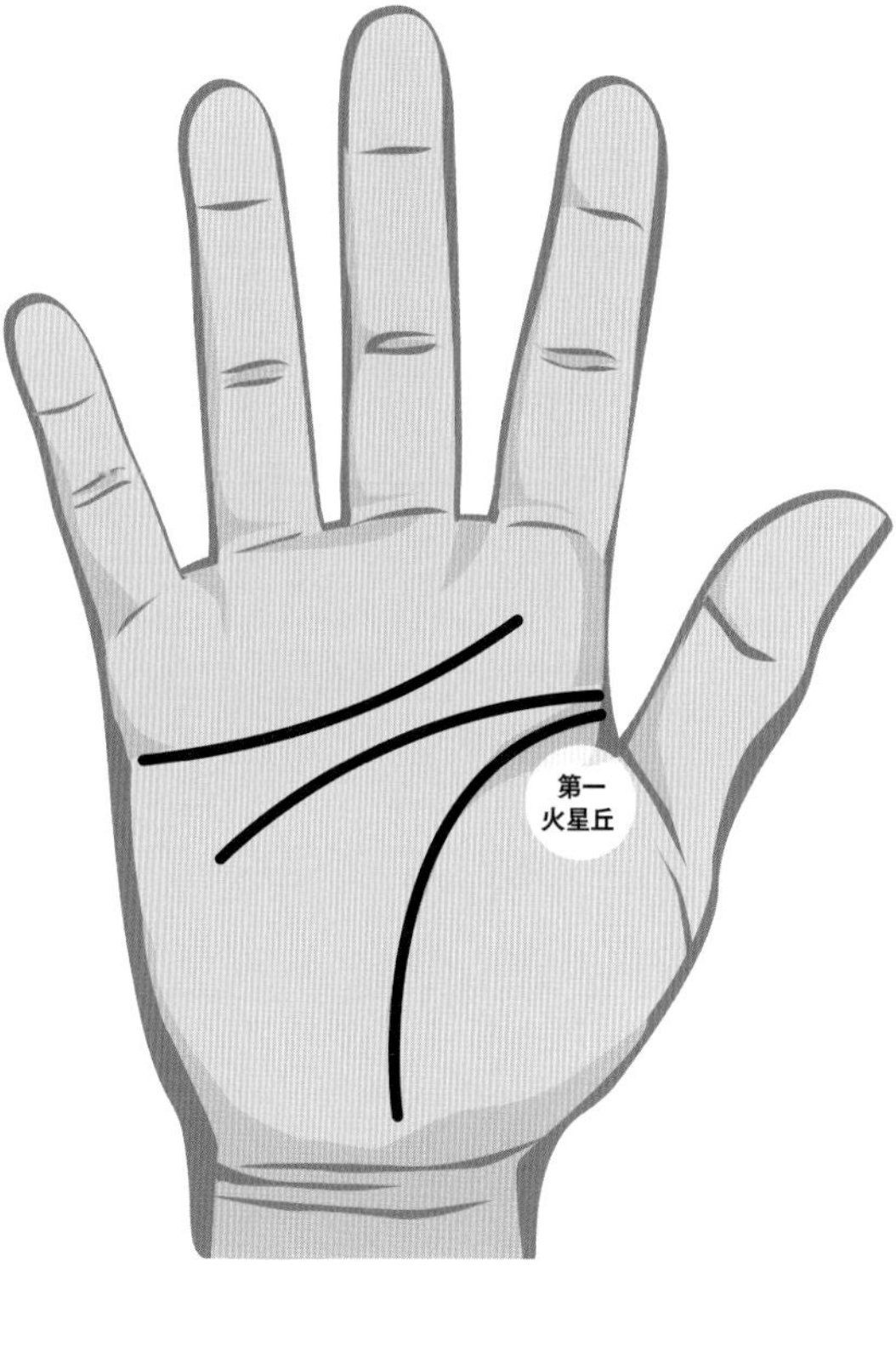
第一
火星丘

火星平原　バランス感覚の丘

手のひらの真ん中のへこんだ部分、これが「火星平原」です。平原なのに丘と言ったら変じゃないか、と思われるでしょうが、まあ、へこんだ丘があったっていいじゃないですか。占いというものは頭を柔らかくして向き合わないとなかなか理解できるものではありません。

このエリアは第一火星丘や第二火星丘と同じく、ギリシャ神話に登場する戦いの神マルスを象徴する部分です。活気とか活力、気力を意味すると同時に、忍耐力という意味も含みます。ここが大きく、張りがある人は、前に進もうとするポジティブな感じと、今はぐっと我慢して踏みとどまる感じがほどよくミックスした感覚の持ち主。そのためこの丘＝平原は「バランス感覚の丘」とも呼ばれます。

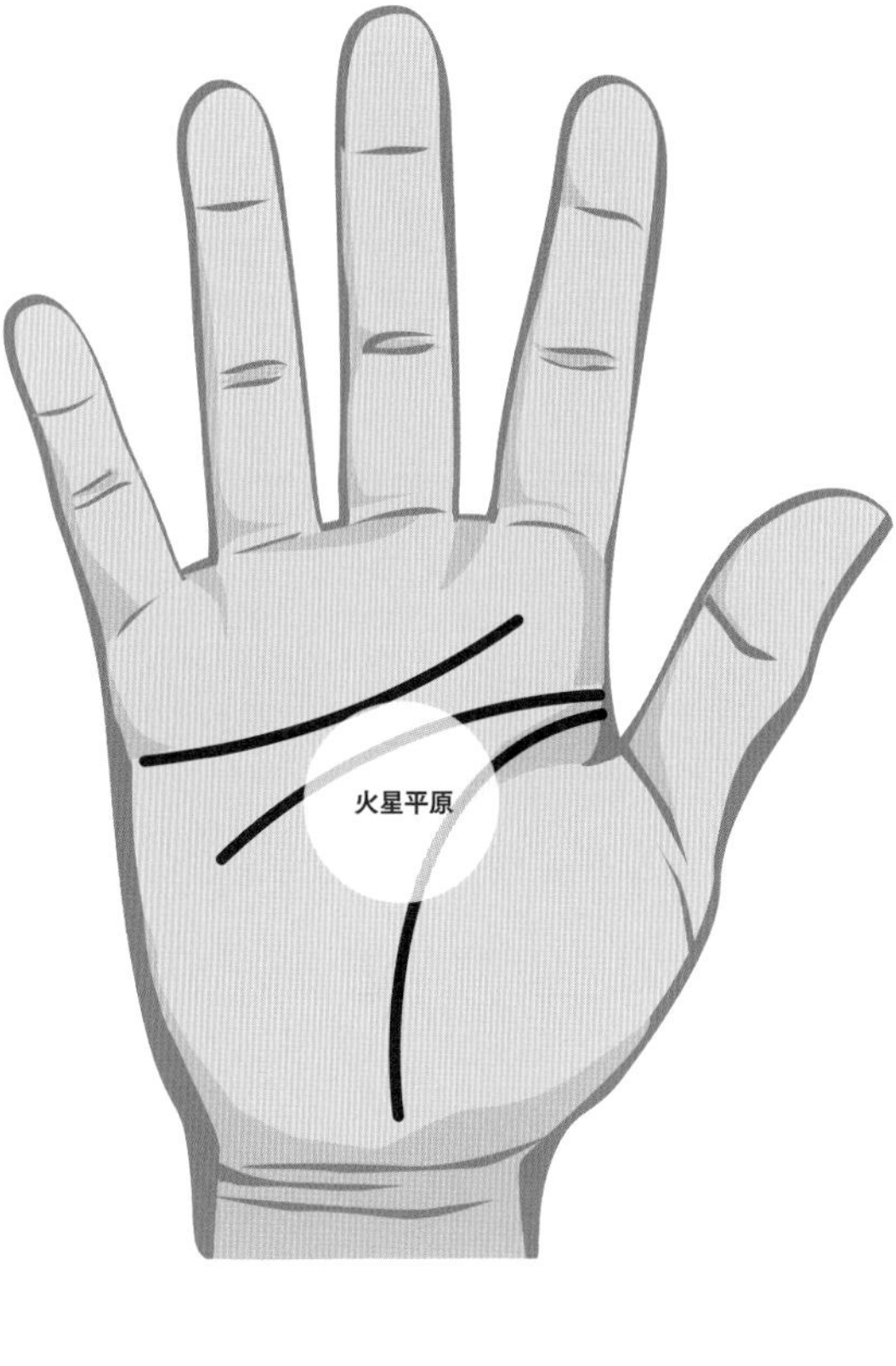
火星平原

第二章

「四大基本線」を知ればもっとわかる

手相を的確に見る近道は、まずは「丘」を知ることに尽きます。その上で「線」を学べば、いきなり線から入る場合よりも簡単にその意味を理解でき、覚えるのも容易になります。また初心者ほど、複雑に絡み合う線を見ているうちに頭が混乱し、解釈に迷いがちですが、そんなときは「丘」に立ち返ってみることです。「ああ、この丘から出ている線だから、こういうことか」と、まるで霧が晴れるように、答えが降りてくるはずです。

このように「丘」の重要性を常に意識しながら、ここからは「線」について学んでいきましょう。

まずは「四大基本線」と呼ばれる「生命線」「知能線（頭脳線）」「感情線」「運命線」の四つから。

四大基本線

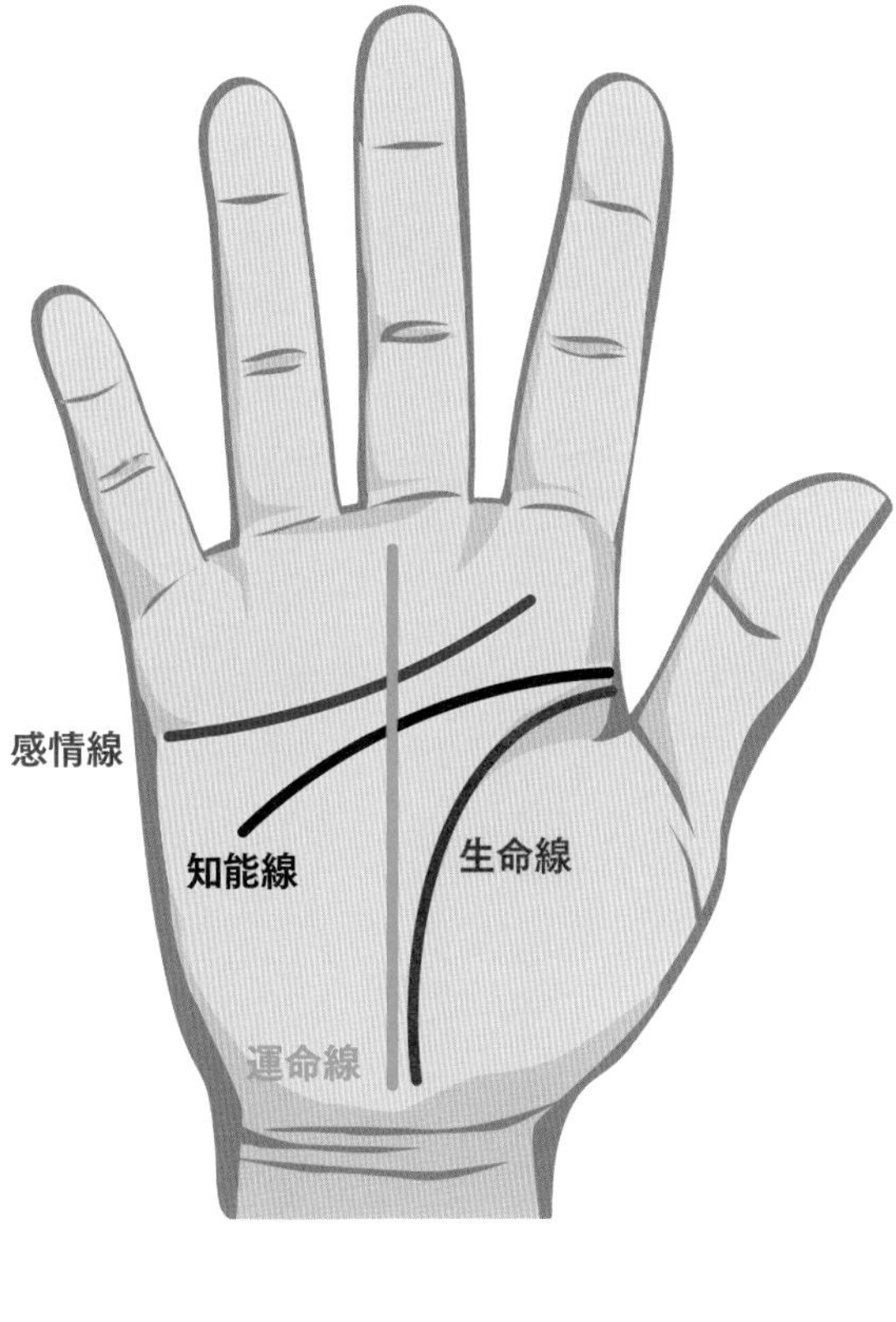

生命線

生命線が短いと早死にするってホント？

生命線はその名の通り、寿命や病気の有無などはもちろん、体力や気力、健康状態などを表しています。さらには、生活環境の変化、例えば結婚や恋愛といったことも生命線に現れます。

この線が短いと「寿命が短いのではないか」と不安に思う人もいるでしょうが、決してそんなことはありませんから安心してください。寿命はその人の努力で変わっていくものだからです。

それでは生命線の基本から、見るべきポイントまでを解説していきます。

まず、親指と人差し指の間から出発し、金星丘（親指のつけ根の膨らんでいる丘）を囲むように弧を描いている線、これが「生命線」です。

線の濃淡も大事

まず見ていただきたいのは「線の濃淡」です。

生命線が濃く、はっきりと出ている人は、「物事を前向きに捉えることができる人」です。これは血流とも関係していて、はっきり出ているということは血行がよくて活力がある、つまりアグレッシブの証と言えます。また、生命線のあるエリアが大きく張り出している人は、体力、そして精力に恵まれている人です。

一方、線が薄い人は、病気がちだったり、血流が悪く、やる気が出なかったりといった状態ですので要注意。ただ食事に気を使ったり、定期的な運動を心がけるなど気を使えば、薄かった線も次第に濃くなっていくので、薄いからと言って過度に心配する必要はありません。

長いほどいい

線の長さは「長く生きようとする気持ち」を表しています。長い人は、生命力も気力も充実した、元気いっぱいの状態。

一方、途中で切れている人は、「長く生きようという気持ち」が薄れている、つまり生命力や持久力、精神力などが弱い状態だと言えます。稀に大きな病気を示唆していることもあるので注意が必要です。切れ目の長さ、大きさは障害の大きさを表していると言われます。そして生命線が短い場合は、生きる意欲に欠けている人、つまり生命力が弱く、虚弱体質な人に多く見られる特徴です。何事にも受け身で、消極的な態度になりがちですが、これも物事を前向きに見ようとする訓練をしていけばカバーすることができる問題。ポジティブシンキングは線を変えるのです。

流年法がわかれば年齢がわかる

いつチャンスが訪れるのか、結婚の時期はいつか、トラブルが起きるのはいつか。手相では、過去だけでなく、未来も見ることができ、さまざまな変化の時期が刻まれています。それを読み取ることで、転機が何歳ごろに起きるのか知ることができるのです。

そんな運命の転機がいつ起きるのかを知る方法が「流年法」と呼ばれるもので、生命線や運命線など、それぞれの線によって見方が異なります。

まず基本的に、生命線は〇歳～八〇歳とそれ以降を示します。運命線は〇歳～一〇〇歳までを示し、結婚線は〇歳～五〇歳までを示しています。

では、まず生命線について説明していきましょう。

生命線の流年法は、手のひらの上から下に向かって年齢が高くなっていきます。

①　親指と人差し指の間の起点が〇歳

② 人差し指と中指の間から真下に下ろし、生命線とぶつかる位置が二〇歳

③ 金星丘（親指のつけ根下の膨らみ）の最も下の位置が八〇歳、そこからさらに伸びていれば、さらに生命力が持続するという見方をします

④ ①と③を三等分した三分の一の位置が三五歳

⑤ ①と③を三等分した三分の二の位置が五五歳

④と⑤の間は等分として見るので、例えば④と⑤の中間であれば、三五歳と五五歳を二等分した四五歳となります。

流年法を使えば病気になる年齢もわかる

そこで気になるのが、「何歳くらいで病気をしたり、気力を失ったりするのか」ということでしょう。それを「流年法」で見てみましょう。

生命線が途中で切れているところを流年法に当てはめれば、だいたい何歳で体力

流年法

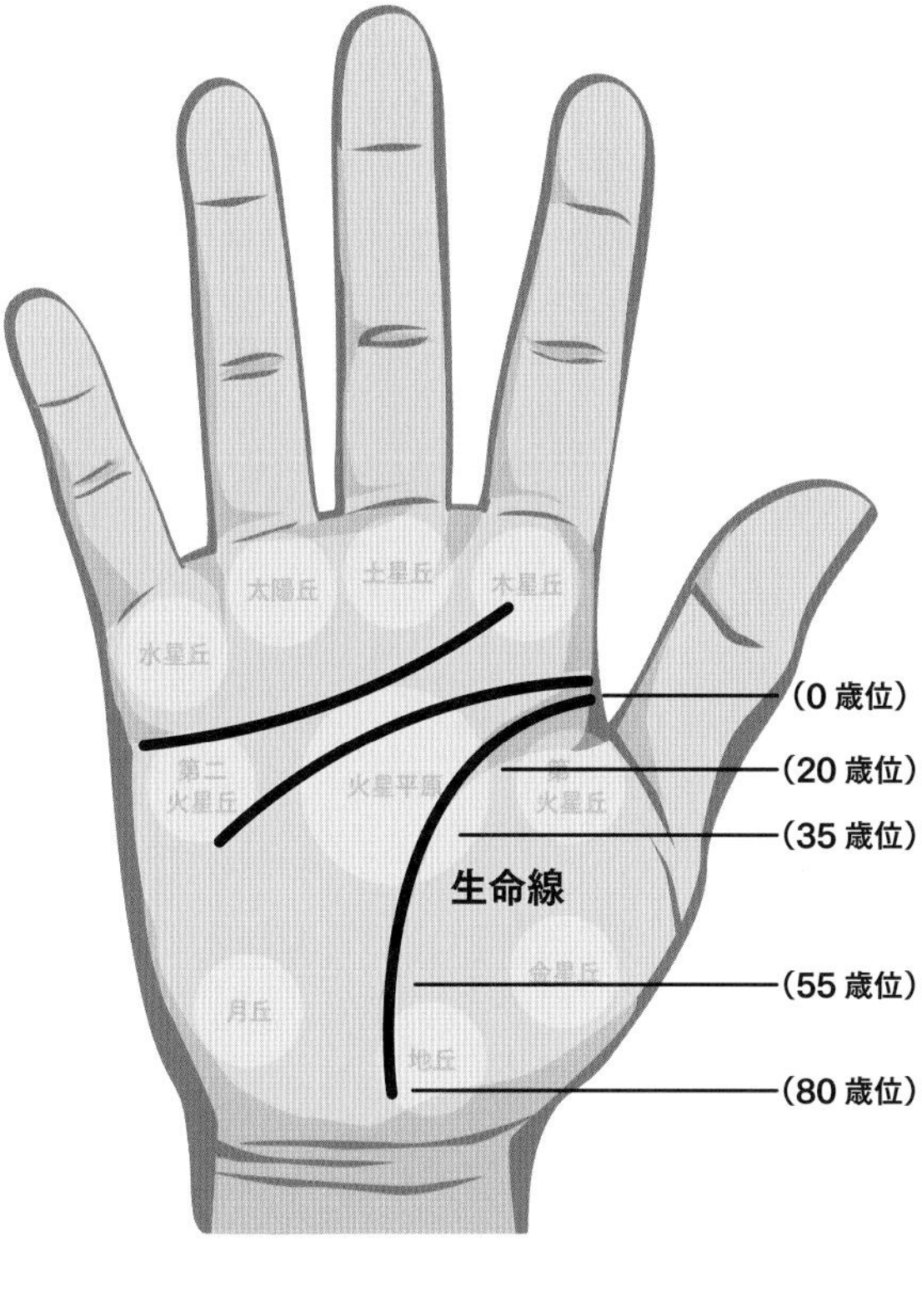

太陽丘
土星丘
木星丘
水星丘
第二火星丘
火星平原
第一火星丘
生命線
金星丘
月丘
地丘
(0 歳位)
(20 歳位)
(35 歳位)
(55 歳位)
(80 歳位)

が弱くなるか、大きな病気をするかがわかります。例えば、四〇歳くらいのところで生命線が切れている場合、四〇歳で大病をする可能性が高いことを示しています。ただ、ここで気をつけてほしいのは、生命線が切れているからと言って「死ぬ」とか、必ず大病を患うわけではないということです。あくまでもそれは生命力の衰えを示すものであって、そこで医師の診察、治療を受けたり、生活習慣を見直すなど、適切な対応をして生きる意欲を取り戻すことができれば、悪い結果を避けることができます。すると不思議なことに、それまで途切れていた線がつながってくることも多いのです。

生命線が二本の場合も

もし、生命線が途切れていたとしても、まったく問題のない人もいます。それは、生命線のすぐそばを、平行するようにもう一本線がある人です。これを「二重生命線」といいます。この手相は、珍しい手相のひとつとして知られています。

生命線：「体力」「生命力」をみる

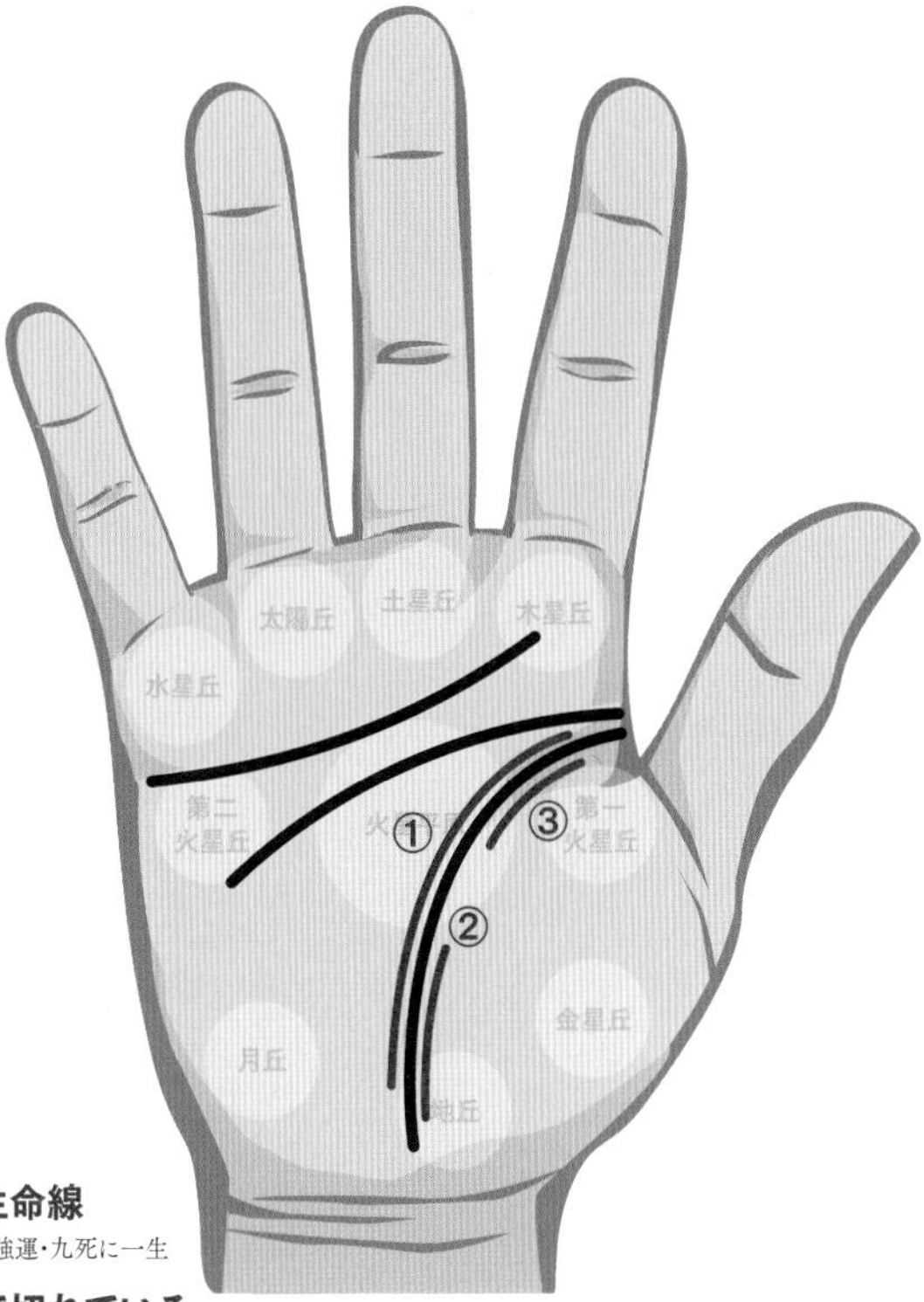

①二重生命線

・健康・長寿・強運・九死に一生

②途中で切れている

・健康面で要注意

・生命力・持久力・精神力が弱い

③短い生命線

・虚弱・弱い生命力

・受け身・気力に欠ける

世の中には、並外れた活力で苦難を乗り越えて功績をあげ、いくつもの勲章を手に入れるような人が稀にいますが、そうした成功者の手を見ると、二重生命線がくっきりと刻まれている場合が多いです。

またこの二重生命線がある人は、「命が二つある」という言い方もできます。ジェット飛行機にはエンジンが二つあり、仮にひとつが壊れても飛行を続けることができます。それと同じで、大きな病気や怪我をしたとしても、もうひとつの命が助けてくれて、軽く済んでしまう。そんなことが多々起こります。だから私は「くたばらない線」などと呼んだりしています。

病気やケガに注意すべきサイン

生命線にはさまざまな「サイン」が現れます。ここではアンラッキーなラインを見ておきましょう。これを見つけたときには注意が必要です。

①障害線

図のように生命線を横切る線が出ていたら、それは「障害線」です。第一火星丘のあたりに多く出現しやすく、無理がたたり、大病や怪我などをしてしまう可能性が高いことを示しています。これも流年法を使えば、だいたいの年齢がわかります。

②鎖状の線

鎖のような「鎖状（チェーン状）」が現れている場合は、疲れやすく気力が弱まっている状態。特に消化器系の衰え、病気を示唆していることが多いです。

③房状の線

生命線の末端が、房（ふさ）のように枝分かれしている「房状」も、疲労がたまって体力が弱まっているときに出現しやすい線。このままの生活を続けていれば大病の引き金にもなりかねません。房状を見つけたら、たとえ体調が悪いと感じていなくても、人間ドックに入ったり、休養すべき時期だと心得てください。

④島紋

線の一部が円形、もしくは楕円形に島のように見えるのが「島紋」。これが出ている場合はちょっと厄介です。糖尿病など慢性病に罹患している人に出やすいマークなので、すぐに病院へ行くなどの対応をしてください。

⑤手首線

ずばり手首にできるのが「手首線」。これが出ていれば心配なし。気力・体力が充実している証拠です。

また、健康面では金星丘の状態も大切な指針となります。ここが平らになっていたり、面積が小さくなったと感じたら、それは健康に危険信号が灯りはじめたと考えていいでしょう。金星丘の面積が広く、大きく盛り上がっていればいるほど健康面は良好という意味になります。

生命線：「体力」「生命力」をみる

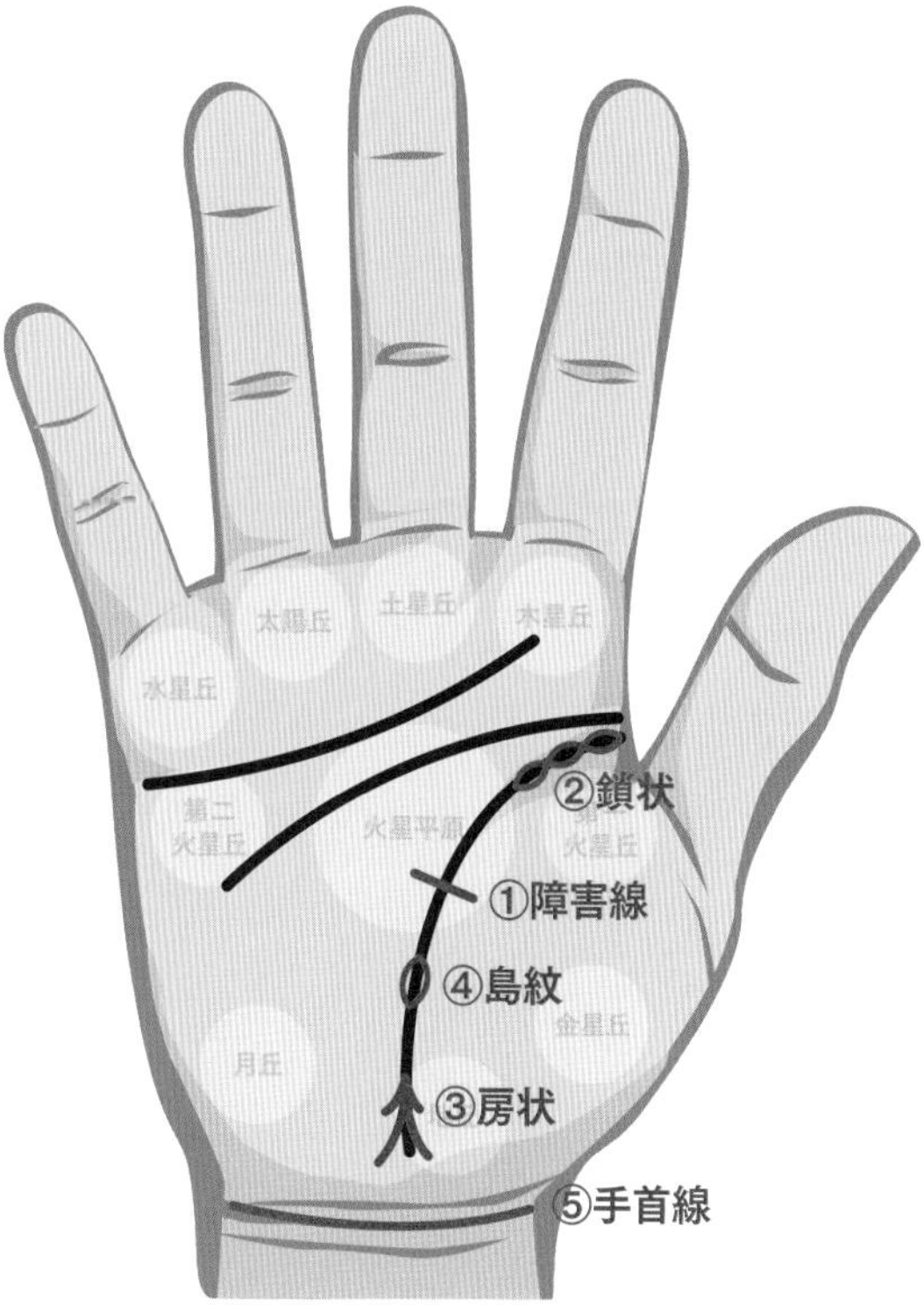

知能線

仕事、性格、適性を見る「知能線」

「どんな仕事が向いているのだろう」「私が持って生まれた才能ってなんだろう」。そんな疑問には知能線が答えを出してくれるはずです。

親指と人差し指の間から手のひらの真ん中あたりを横切る線で、別名「頭脳線」とも呼ばれます。その人の個性や能力を示しており、適性や適職を見るのにもっとも重要な線です。

この線を見るポイントは、「どこからどこまで伸びているか」、つまり「出発点」と「終着点」が特に大事です。それではまず出発点から見ていくことにしましょう。

出発点で「性格」がわかる

知能線というネーミングからすると意外かもしれませんが、この線からわかるのは、まず第一にその人の性格です。

それを見る上で重要なのが生命線との関係。知能線と生命線とがつながっているのか、離れているのかでだいたいの性格の傾向が見えてきます。

①知能線と生命線の出発点が離れている人

まず、知能線と生命線の出発点が離れている人は「行動力」の人です。何事にも積極的で、判断や決断が早く、考えるより前に動いてしまう。自由人でもあり、誰もやったことがないことをどんどんやっていくパイオニア的なタイプの人とも言えるでしょう。

ただ、常に強い刺激を求めるので、ルーティン的な事務仕事や工場での単純作業などには向いていません。

また、決断が早いということは、裏を返せばおいしい話に飛びつきがち。詐欺などに引っかかってしまうこともありますから注意が必要です。

②知能線と生命線の出発点がくっついている人

常識的でバランス感覚がある人。実際、くっついている人が大半で、ひと言で言うならごく普通の手相と言えます。

③生命線の途中から出発している人（生命線と接する部分が多い）

途中まで生命線とくっついていて、生命線の途中から出発している人は、慎重で用心深い人です。くっついている部分が、長ければ長いほど慎重な性格だと言えます。チャンスを逃したり、慎重になり過ぎて優柔不断と思われることもありますが、事業で成功するのは実はこうしたタイプです。

知能線：「性格」をみる

出発点

①生命線と出発点が離れている

・積極的・考える前に即行動

②生命線と出発点が接している

・バランス感覚あり
・標準的・常識的

③生命線の途中から出発している（生命線と接する部分が多い）

・慎重・用心深い・心配性
・優柔不断・チャンスを逃す

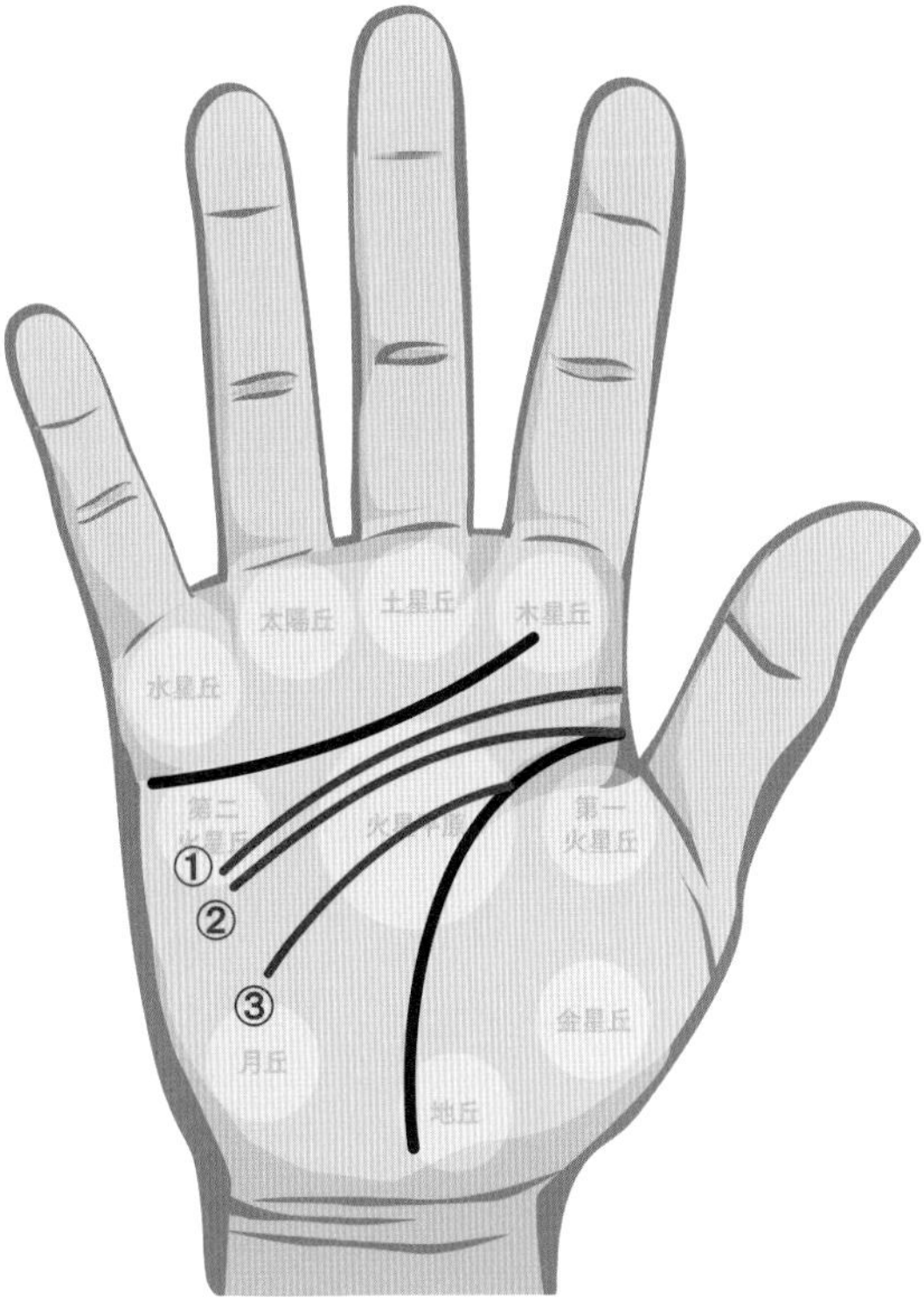

終着点は「適性」を表す

では、知能線の「終着点」は何がわかるのかというと「才能」や「適性」です。大きく分けて四パターンあります。

〈パターン①〉

ほぼ真横、つまり第二火星丘方面にまっすぐ伸びている人は、冷静沈着タイプのリアリスト。どちらかと言うと理系の人に多く見られます。

この場合、知能線の長さも重要。短い人は、理屈や議論が嫌いな「職人タイプ」。勉強も好きじゃない。体で覚えるタイプということでしょう。寿司職人や大工など「腕一本で生きていく」タイプです。

長い場合は、勉強が好きで論理的な思考ができる人。現代で言えば、金融アナリスト、科学者、プログラマーなどの職業に多く見られるパターンです。

知能線：「才能」「適性」をみる

終点

①第二火星丘方面に伸びる
・現実派・冷静沈着
・理系的発想・職人的

②月丘上部に伸びる
・バランス感覚・柔軟性あり
・適応能力に優れている

③月丘下部に伸びる
・芸術的感性・豊かな感受性
・文系的発想・ロマンティスト

④先端が複数に分かれる
・多才・器用
・1つでは満足いかない

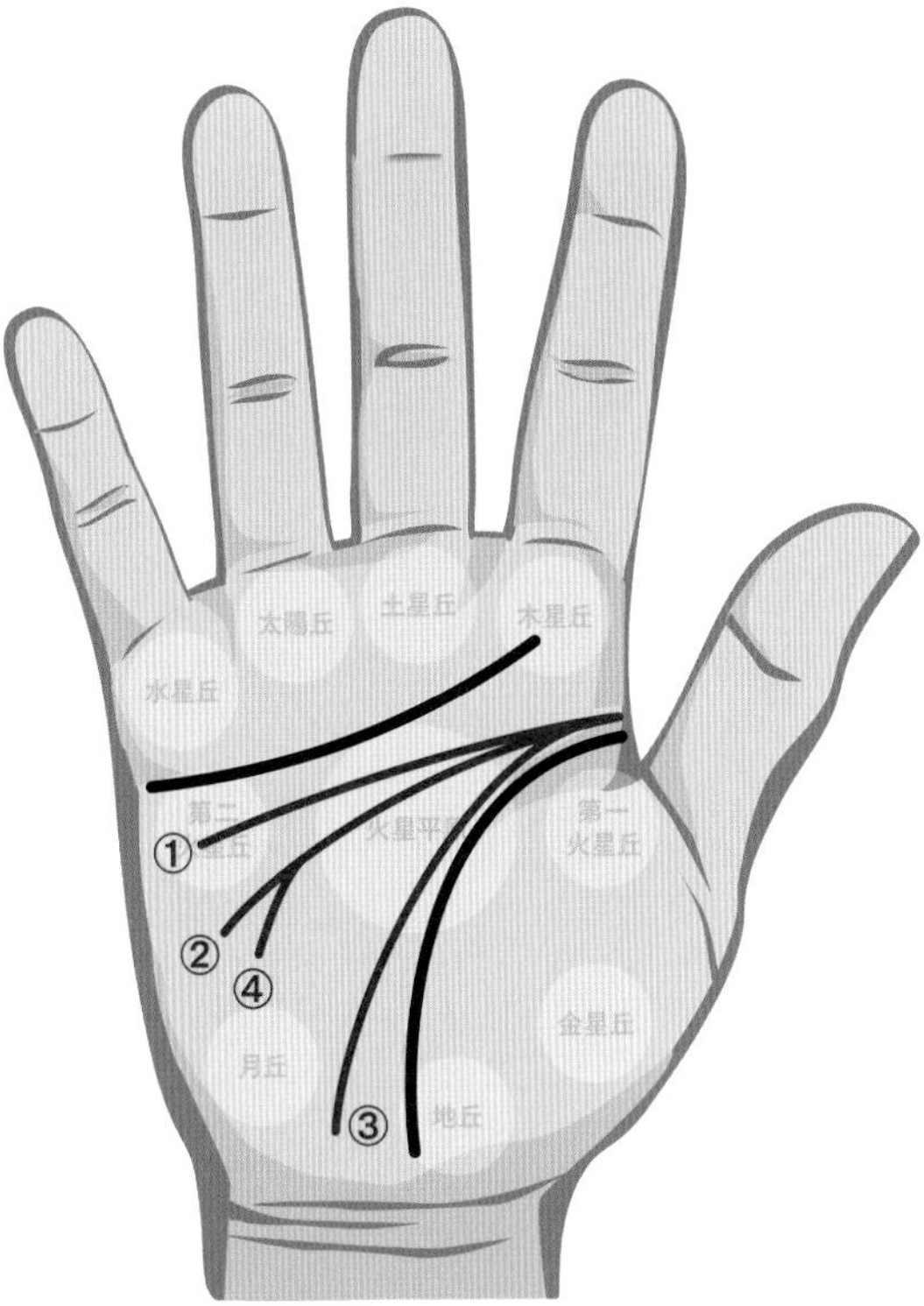

〈パターン②〉

緩やかにカーブして月丘の上部に伸びている人は、常識的でバランス感覚が優れている人です。何事にも柔軟で適応能力がずば抜けています。

〈パターン③〉

下向きにカーブし、月丘の下の方に伸びている人は、デリカシーがあり、芸術的な感性に富んでいて、空想が大好きなロマンティスト。絵や小説、音楽など芸術的分野で成功している人に多い型です。

〈パターン④〉

知能線の先端が分かれている人もいます。こうした人は、好奇心が旺盛で多才なため、一つのことでは満足できないマルチタイプ、オールラウンダーと言えます。安定を望まず、いつも刺激を求めています。ただ、このタイプの人は、何でもできてしまうので、逆に迷ってしまうことも少なくありません。

また非常に珍しいパターンなのが、知能線が二本、平行して走っている人です。このタイプの人は、まるで脳が二つあるように、まったく違うことを同時に行うことができます。極端な例で言えば、弁護士の仕事をしながらプロのアスリートとしても活躍する、といったスゴい人がたまにいますが、そんな人によく現れる線です。

感情線

感情線とは小指のつけ根から二、三センチ下のあたりから、人差し指や親指の方向に向かって、手のひらを横断するように伸びている線で、その名の通り、愛情や怒り、恨み、歓び、悲しみといった人間臭い感情を表しています。線の形は、心の動きがどのようなものなのかを示しています。

感情線を見るポイントは「終着点」。どこに向かって伸びているかが重要です。それでは、パターン別に見ていくことにしましょう。

〈パターン①〉

手のひらの半分あたりで止まっているような短い線の人は、感情を表に出すのが苦手なシャイで内弁慶なタイプ。人との触れ合いを避ける傾向があり、ときに自己中心的と見られることも少なくありません。実は誰もが羨むような美人の女性やイケメン男性に多い手相なのです。「何を考えているのかわからない」「冷たい」などと誤解されることもしばしば。本人としては気を使っているつもりでも、それが相手になかなか伝わりません。

〈パターン②〉

中指のつけ根に向かって急カーブを描く長い線の人は、情熱的なタイプです。あまりに熱い思いを持っていたり、感情の起伏が激しかったりするため周りがついてこれず、常に孤独感が漂い、本人も寂しさを抱えています。本来は意志が強くて情に厚い、人情味にあふれるタイプなのですが、感情の暴走によって周りから浮いてしまうことが多いのです。ただ、見方によっては、孤高の天才タイプとも言え、自らのキャラクターをいい方向に活かせば、大成功をおさめる可能性も大です。

〈パターン③〉

人差し指のつけ根と中指のつけ根との間に入るような線の人は、家族愛が非常に強いタイプです。女性の場合、どちらかと言えば古風な良妻賢母タイプで、芯が強い人です。相手の言いなりになるのではなく、良いことは良い、悪いことは悪いとはっきり言えるタイプなので、パートナーから見れば、家庭や子育てを安心して任せられ、結婚相手としてはベストかもしれません。

〈パターン④〉

手のひらを横切るように木星丘まで線がぐんとまっすぐ伸びている人の場合、三つのタイプがあります。

まず木星丘の中央に伸びている人は、理想やプライドがとても高く、自分に厳しいと同時に、他人にも厳しいタイプです。

次に木星丘を横切って突っ切っている人は、支配欲や独占欲が強く、嫉妬深い面もあります。恋愛も自己中心的になりがちで、時に、自分のことは棚に上げて、相手に高い要求を突きつけることもあります。しかし、仕事となると一直線に没頭し、大きな成果を上げる人が多いのも特徴です。

そして、木星丘の中指側に入っている人は、見返りなど求めずとにかく尽くすタイプ。それは異性だけでなく、上司や仕事仲間、友人などでも「この人は」という人にはとことん尽くしてしまいます。仕事的にはリーダーよりも、秘書、参謀タイプと言えます。

先端に注目

さらに細かい特徴にも愛情や感情のサインが現れます。感情線は、一言で言うなら「感情のアンテナ」です。したがって、先端が分かれているのは、あらゆる方向にアンテナを向けているタイプで、「感受性が強い」ことを示してます。先端部分

感情線：「愛情」「感情」をみる

終点

①途中で止まる（短い）

・シャイ・愛情表現が苦手

・クール・打算的・自己中心的

②中指つけ根に伸びる

・情熱的・孤立型

・目標に対して情熱的に向かう

③人差し指と中指に入る

・家庭的・良妻賢母型

・好き嫌いがはっきりしている

④手のひら反対側に横切る

・自己中心的発想・支配欲

・独占的愛情・嫉妬心が強い

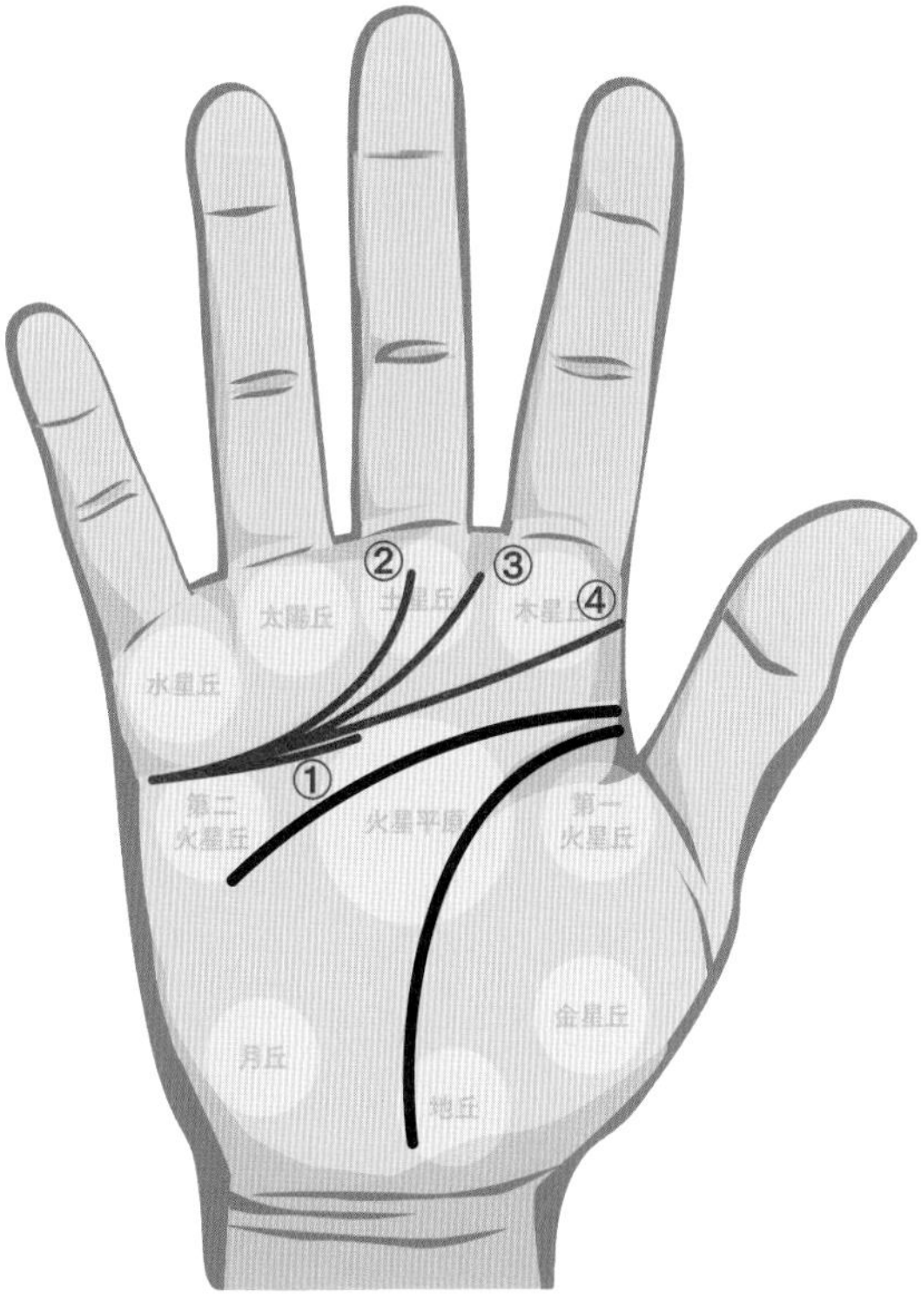

をパターン別に見ていきましょう。

〈パターン①　二つに枝分かれ〉

二つの相反する感情を持ち合わせている場合が多いです。例えば、すごく優しいんだけど、すごく冷たい面もあるとか、熱しやすいけど冷めやすい、などです。

〈パターン②　三つに枝分かれ〉

なかには先端が三つに分かれている人もいます。よく言えば誰にでも優しい博愛主義。悪く言えば八方美人なタイプなのですが、多数の感情を使い分けるのが上手とも言えます。そのため相手をうまく持ち上げて、能力や実力を発揮させることができます。優しく褒めながら厳しくしかったり、お姉さんのように相手を持ち上げながら子どものように甘えたり…。とにかく、相手の気分を上げることに関しては天才的です。

ただ、こうした傾向も度が過ぎると好きになった相手を甘やかし過ぎてしまい、

感情線：「愛情」「感情」をみる

①②先端が分かれる
③ほうきの先のように毛羽立つ
④先端が「へ」の字
⑤支線
⑥「く」の字
⑦二重感情線

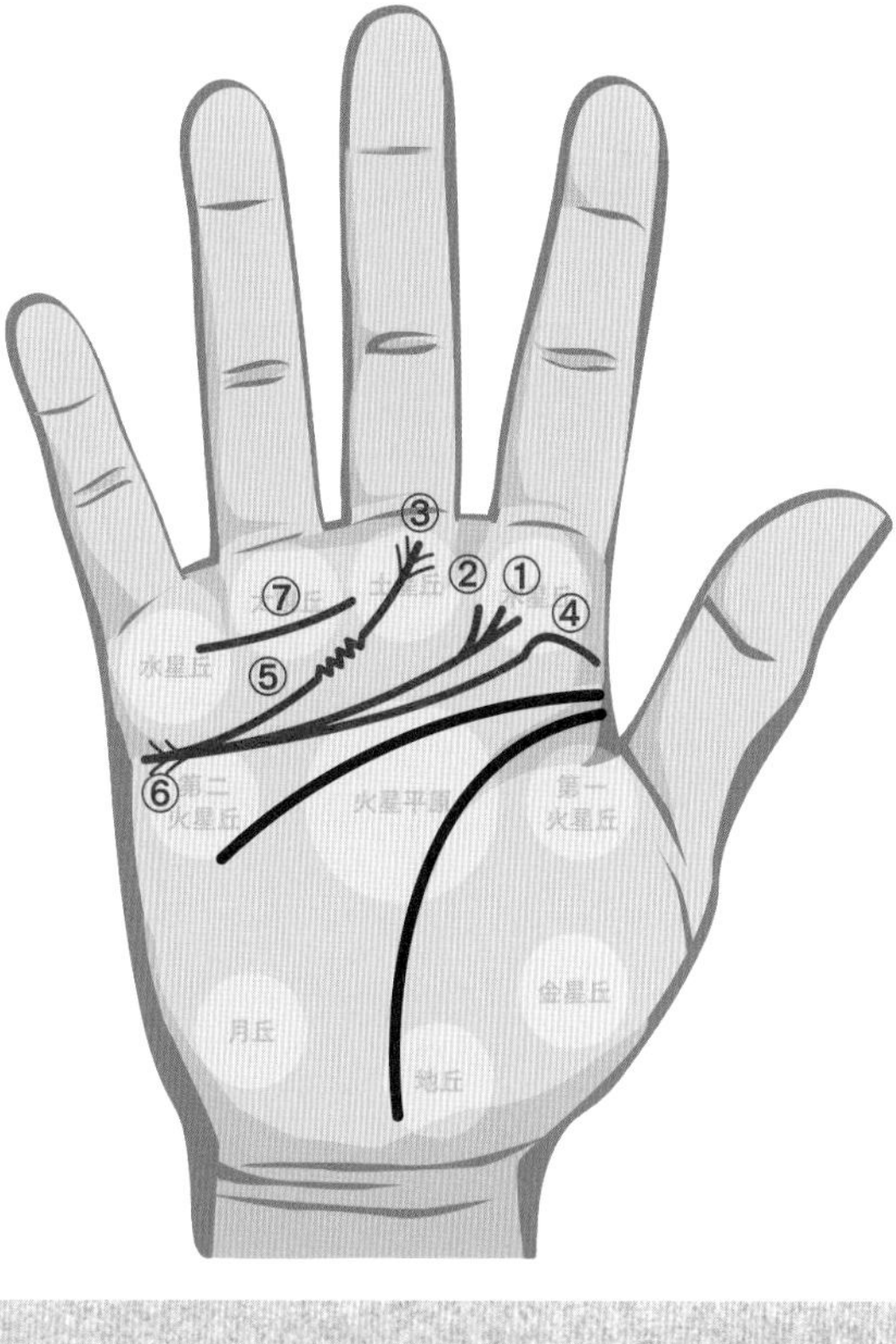

相手をダメにしてしまう可能性もあります。そのへんは注意したいですね。

でも、こういった人は相手からフラれるということがありません。褒めて、上げてが上手いということは、相手からするとすごく心地いいことですから、離れられなくなってしまうのです。

〈パターン③　多数に枝分かれ〉

先端がほうきの先のように細かく分かれている場合は、母性愛がものすごく高まっているサインです。婚約するなど婚期が近いときに現れて、結婚してしまうとすーっと消えてしまう不思議な線です。出るのはほとんど女性だけ。男性にはほぼ出ません。

〈パターン④　への字〉

先端が「への字」になるときもあります。これは、恋愛ではなく、何か別のことが気になっている状態。例えば、仕事のトラブルで頭がいっぱいになり、恋愛やオシャレなどどうでもいいといったときに現れたりするのです。しかし、問題が解決したら、すーっと消えてしまいます。

〈パターン⑤ 多数の支線〉

支線が多い人は、常にアンテナを張って情報収集しているような人です。感受性が高まっている状態だけに、他人からの言葉に敏感になり過ぎ、疲弊してしまうことも。そんなときには「人」から離れ、自然のなかに自分を開放してあげましょう。

〈パターン⑥ くの字〉

「くの字」になっている人。これは「ユーモア線」とも言われるくらい、笑いに満ちた楽しい状態のときに出やすい線です。

〈パターン⑦ 二重感情線〉

感情線が二本ある、いわゆる「二重感情線」がある人は、感情が人の二倍あるという意味で「超デリケート」なタイプ。こういう人はとても傷つきやすく、何か嫌なことがあると立ち直りに相当な時間がかかってしまいます。だから、「生きづらい」と感じることが多いと思いますが、逆に褒められたり、嬉しいことがあると有頂天になってのぼせてしまう場合もあり、たいへん起伏の激しい性格だと言えます。

感情線でもわかる健康状態

感情線に島紋や何か乱れた線やマークがある人は要注意。それが小指のつけ根あたりにある人は、胃腸に問題がある可能性が高いです。小指のつけ根と薬指のつけ根の間くらいにある人は婦人科系の病気、そして薬指のつけ根あたりにある人は喉や肺、鼻といった呼吸器関係の病気に気をつけてください。

運命線

たくさんある運命線

出発点はばらばらですが、中指のつけ根（土星丘）に向かっていく線が「運命線」です。その名のごとく「全体的な運気の盛衰」や、なかでも「仕事運」、そしてやる気や向上心などを表しています。他の線と違って、中指のつけ根に向かってさえいればすべて運命線となります。つけ根にまで届いてなくてもいいのです。だから、運命線はひとつではなく、複数あるのが普通です。

太さと長さを見よ

まず見てほしいのは、線の太さと長さです。太くて長く、はっきりと出ている場合は、いい運気に満ちて大活躍している、もしくは一生懸命頑張っていることを表しています。運命線がないという人も稀にいますが、その場合、脇役やサポート役に向いていると言われます。また途中で切れている場合は、そこでひとつの仕事なり役目が終わったことを示しており、そこから新たに線が出ていたら、何かをはじめたということがわかります。

運命線は中指のつけ根に向かってさえいればいいので、重要なのは「どの丘から出発しているか」ということになります。その上で、流年法と照らし合わせ、何歳くらいのときどういう運命だったのかと見ていくわけです。

運命線の流年法

運命線の流年法は、手のひらの下方から上に向かって年齢が高くなっていきます。

① 手首との境のあたりが〇歳（起点）
② 中指のつけ根が一〇〇歳（終点）
③ それを二等分した中間点が三〇歳

運命線流年法

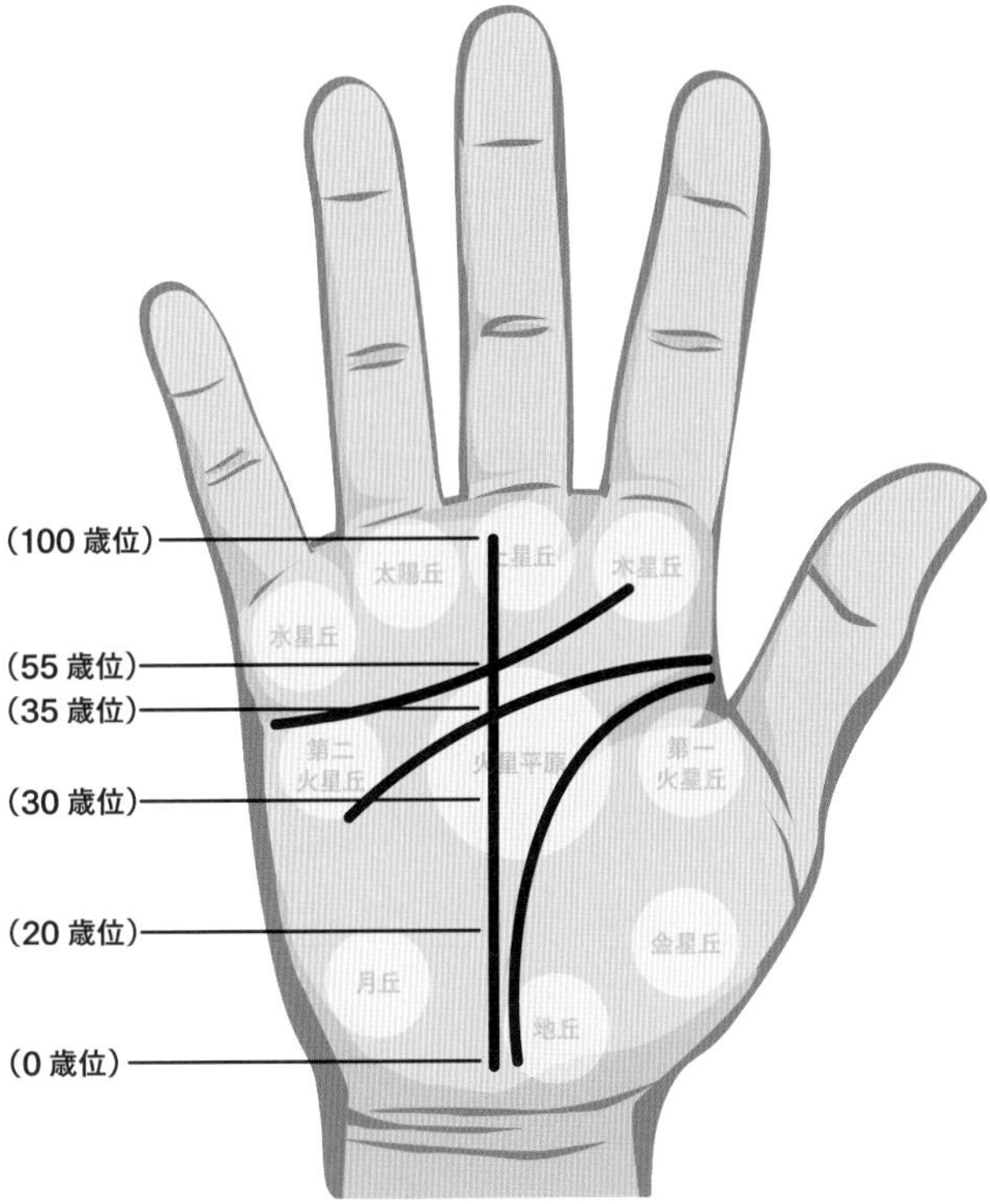
(100 歳位)
(55 歳位)
(35 歳位)
(30 歳位)
(20 歳位)
(0 歳位)
太陽丘
土星丘
木星丘
水星丘
第二火星丘
火星平原
第一火星丘
金星丘
月丘
地丘

④　さらに二等分して、手首と三〇歳の間（四分の一の位置）が二〇歳

⑤　知能線との交点が三五歳

⑥　感情線との交点が五五歳

⑦　感情線（五五歳）から中指のつけ根（一〇〇歳）までの間の流年法は、五等分して、感情線の一つ上のメモリが六〇歳

その上のメモリが七〇歳

その上のメモリが八〇歳

その上のメモリが九〇歳

となります。太陽線や財運線も、運命線とほぼ同様な流年法と理解してください。

結婚線については、結婚線のページでご覧ください。

出発する丘で決まる運命線

それでは出発している丘ごとに見ていくことにしましょう。

①月丘から出発している場合

第一章の「丘」の項で詳しく述べましたが、月丘は「他人との関係」を表す丘です。そのため、他人から運気をもらえたり、他人から引き立てられたりします。具体的には仕事がもらえる、仕事で何らかのいい役職に登用してもらえる、そして援助してもらえるなどなど。人との出会いにも恵まれ、人気運があるとも言えます。

②金星丘から出発している場合

金星丘は「生命力」「体力」を表しますが、そこから線が出ている場合には「身内」という意味があります。身内から仕事に関する線が出ているということで、身内からの援助が受けられたり、親の跡を継いだりする人に出ます。先生一族、公務員一族など、親と同じ仕事をしている人にもよく見られる線です。また、金星丘は体力を示しているため、デスクに座りっぱなしではなく、自分で体を動かして成功する人にもよく出る線です。

③手首付近（地丘）から出発している場合

地丘は「先祖」を表します。そのため、血筋や育ちがよく、生まれつき将来が約束されているような人。特に何もしなくても、自然と周りから盛り立てられ、大きな失敗もなく、安泰の人生を送ることができます。

④知能線から出発している場合

この場合は二つの意味があります。まず、知能線から出ているため頭脳明晰でアイデアマン、頭を使って開運する人です。もうひとつは、流年法で見て三五歳あたりから線が出ており、その年代から運気が上昇していく傾向にあります。出世したり、起業したり、成功への階段を上っていく人ですね。

⑤感情線から出発している場合

感情線から出ているということは、流年法から見て晩年期から運気上昇となります。五〇代半ばくらいからでしょうか。いわば大器晩成型です。

運命線：「運気の盛衰」「仕事運」をみる

出発点

①月丘から出発している

・他人の援助(引き立て)を受ける

②金星丘から出発している

・身内から援助(引き立て)を受ける

・親の七光り・跡継ぎ

③手首付近から出発している

・家柄・先祖がよい・根性がある

・子どもから強運・自分が主役

④知能線から出発している

・知能・知性・アイデアで開運

・中年から運気・やる気上がる

⑤感情線から出発している

・晩年期に開運

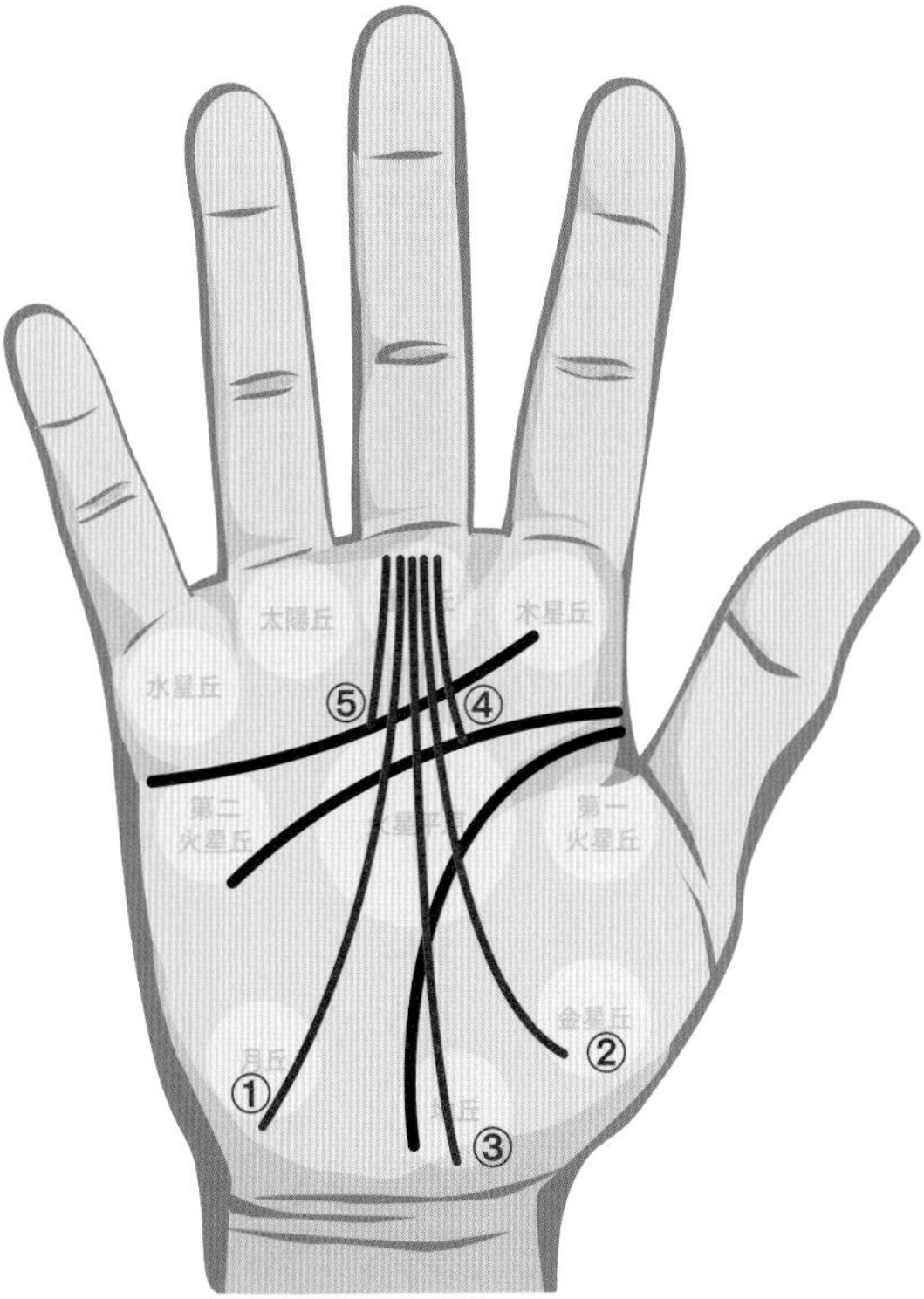

運命線がなくてもご安心を

運命線は、なかったり、薄かったり、切れ切れになっていたりする人も少なくありません。とてもわかりにくい線と言えます。では、それらがどういう意味を持つのか見ていきましょう。

①運命線がない人

出世欲がない人が多く専業主婦（夫）タイプと言えます。表舞台よりも裏方に回ることで運気が上昇。線が薄い人も脇役タイプです。運命線がないから、薄いから悪いわけではありません。自分のキャラクターに合った役目に邁進すれば、脇ながらも確固たるポジションを掴むことができるはずです。

②線が切れ切れになっている人

この場合は要注意。エネルギーが枯渇し、意志や気力が弱くなっているときに途切れがちになる線だからです。そんなときは思いきって仕事を休むなど、静養に努めてください。

③「切り替え」の場合

線が途中まであって切れ、またスタートしているような「切り替え」と呼ばれる状態の場合、その切れている部分が転機になります。流年法で年齢を確認してみてください。ただ、その二つの線が重なっているときは、ダブルワークや、仕事とボランティアの掛け持ちなど、とにかく忙しい時期となります。体調にはくれぐれも留意しましょう。

④中指に割り込んでいる人

欲深く、とにかく自分が主役でないと我慢がならないタイプに見られる相。こんな人は晩年に注意してください。割り込むというのは流年法で見て一〇〇歳以上。そんな高齢になってもなお、「私が主役！」と頑張っているというのは「欲のかきすぎ」というもの。心穏やかに過ごすべき老後が人生でもっとも苦しい時期になりかねません。豊臣秀吉は、自分の手のひらに刀を当て、中指の方まで線を入れたというエピソードが語り継がれています。ずっと天下をとっていたい「欲深い」人だったのかもしれませんね。

第三章

「補助線」を知ればさらにわかる

ここまで、手相を見る上でベースとなる「四大基本線」を見てきましたが、重要な線は他にもあります。独立した線で「補助線」と呼ばれるものです。これらの線は、四大基本線と違って、出たり消えたりしますので、変わりやすいという特徴があります。

それでは、重要な補助線について見ていくことにしましょう。

太陽線

出発点で決まる「太陽線」

芸能界で成功している人や、お金持ち、セレブとして知られている人などによく見られるのが「太陽線」です。人気や評価、信頼などを表し、別名「信頼線」「成功線」「人気線」などと呼ばれるものです。

薬指のつけ根あたりにある太陽丘に伸びている線はすべて太陽線。それだけに、どこから出発しているかが重要となってきます。

いくつかパターンを見ていきましょう。

①太陽線が生命線から出ている場合

体力、精力、生命力を表す生命線から出発している場合、「自力」とか「体力」という意味を持ってきます。他力ではなく「自力で評価を得られる」「自力で人気を得られる」相です。

②知能線から出ている場合

知能線は頭脳、知能、知恵などを示しますから、そこからスタートしているということは、発想力やアイデアが評価される人に多く出る線です。流年法で見ると、三五歳くらいから信頼を得て開運する人とも言えます。

③運命線から出ている場合

運命線は仕事運を表しますから、そこからスタートしていたら、いま現在やっている仕事が天職と言えるでしょう。このまま頑張れば、さらに実力を発揮し、成功する可能性が大です。

④感情線から出ている場合

感情線は手のひらの上の方にあり、流年法に当てはめると五五歳くらいからこれまでコツコツと積み上げてきたことが評価されていきます。いわば「大器晩成型」。仕事での成功はもちろん、年老いても周りから好かれ、豊かな老後が待っている。そんな人に現れる相です。

⑤月丘から出ている場合

月丘は別名「他人の丘」ですから、そこからスタートしているということは、他人からの支援がまず期待できます。その上で仕事が評価されたり、人気が出たりし

太陽線：成功・信頼・人気・地位

出発点

①生命線から出発している
・自力本願・自力運
・まじめな努力が評価される

②知能線から出発している
・発想力・アイデアが評価される
・中年期から人気

③運命線から出発している
・天職で成功
・実力を評価される

④感情線から出発している
・大器晩成
・誠実・恵まれた老後

⑤月丘から出発している
・他人に支援されて開運
・人気商売に向く

⑥地丘から出発している
・家柄や血筋、遺産などにより開運

⑦第二火星丘から出発している
・我慢や忍耐が評価される

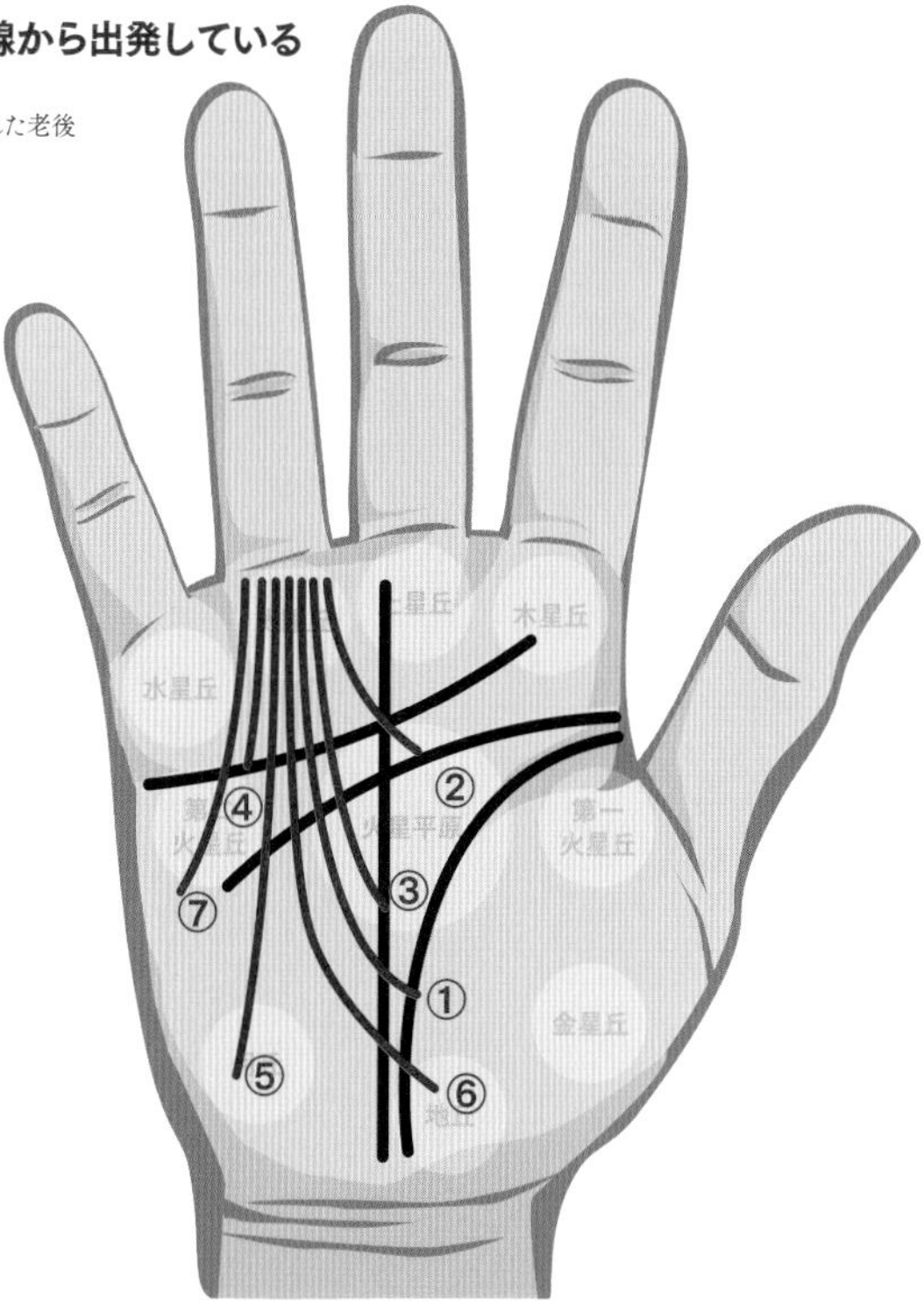

ます。そういう意味では出世も早く、人気商売に向いています。売れっ子タレントや政治家に多い相です。

⑥地丘から出ている場合

地丘は先祖を象徴しており、家柄・血筋・遺産などに恵まれる相と言えます。

⑦第二火星丘から出ている場合

持って生まれたものではなく、後天的な努力が実を結ぶタイプ。我慢や忍耐することが評価され、コツコツ努力することにより、開運する人です。

アンラッキーサインに要注意

太陽線では要注意サインが出ることがあります。線の上に島紋や×印のマークなど、専門用語でいう「十字紋」が出たら、「トラブル間近」と思ってください。そのくらい危険な合図なのです。人目を引くために過度に無理をしたり、上司に評価されたいがために忖度やおべっかを使って疲弊してしまったら元も子もありません。運気も逃げてしまいます。

太陽線がしっかりと刻まれているのに周囲から評価されないと悩んでいる人もいるでしょう。そういう人は物事を見る視点を変えてみてください。仕事で評価されないと悩んでいたとしても、ひょっとしたら趣味のバンド活動がすごく評価されていたりするかもしれません。もし悩んだら、一度、冷静に自分を分析してみてください。

また恋人や結婚する相手で悩んでいるなら、相手の太陽線に注目してください。太陽線は他人からの評価や人気をはかる道しるべ。この線があれば、仕事などで評価され、最終的にはお金につながっていく可能性が高い。好きなお相手がいる人は、こっそり見てみるといいかもしれません。

財運線

複数あると出入りが激しい「財運線」

小指のつけ根に向かい水星丘（小指のつけ根あたり）に到着する線が、金運や商売運を表す「財運線」です。財を生み出し、蓄える力を表し、将来的に財をなせるかどうかを決める重要な線です。どこから出発していてもかまいません。

小指のつけ根に向かい一～二本くっきりと線がある人は、蓄財運があってしっかりとお金が貯まります。ただ、複数の線があると、お金は入ってくるものの、出て行くものも多いなど出入りが激しい人、言い換えるなら「どんぶり勘定」の人と言えます。

財運線も出発点がどこかによって、何が金運をもたらしてくれるのか、そしてその結果どうなるのかがわかります。一つひとつ見ていくことにしましょう。

①生命線から出ている場合

自分の体を動かすことによってお金を稼ぐことができる人。だから、肉体労働やアスリートなどに向いていています。汗と涙の賜物で財をなすイメージですね。

②知能線から出ている場合

頭を使って、つまりアイデアでお金を稼ぐタイプ。起業して成功した人によく見られる相。流年法で見ると三五歳あたり、中年期から金運に恵まれます。

③運命線から出ている場合

好きな仕事につけて、その結果、お金を手に入れることができる。まさに天職でお金儲けができる、理想的な線だと言えます。

④感情線から出ている場合

流年法から見て、晩年期から金運に恵まれます。

⑤薬指と小指の間から縦に線が入っている場合

ギャンブル運やくじ運がいい人。

以前、占った方で、競馬の馬主の方がいました。自分の馬が勝っているときにはこの線が長いのですが、負けはじめると短くなっていました。また、宝くじで何度も一〇〇万円単位で当選していた方も、やはりこの線が長かったですね。それくらい、顕著に出る線です。

薄い線が複数本ある場合

お金の出入りが激しい人に出ます。

財運線：金運・財運・商売運

出発点・終点

①生命線から出発している
・自力でお金を稼ぐ
・アスリートなど

②知能線から出発している
・商才あり・事業家向き
・頭を使って儲ける
・中年期から金運アップ

③運命線から出発している
・天職で蓄財
・仕事でお金が回る

④感情線から出発している
・晩年期から金運に恵まれる

⑤薬指と小指の間に入る
・ギャンブル運強い

複数本ある
・お金の出入りが激しい

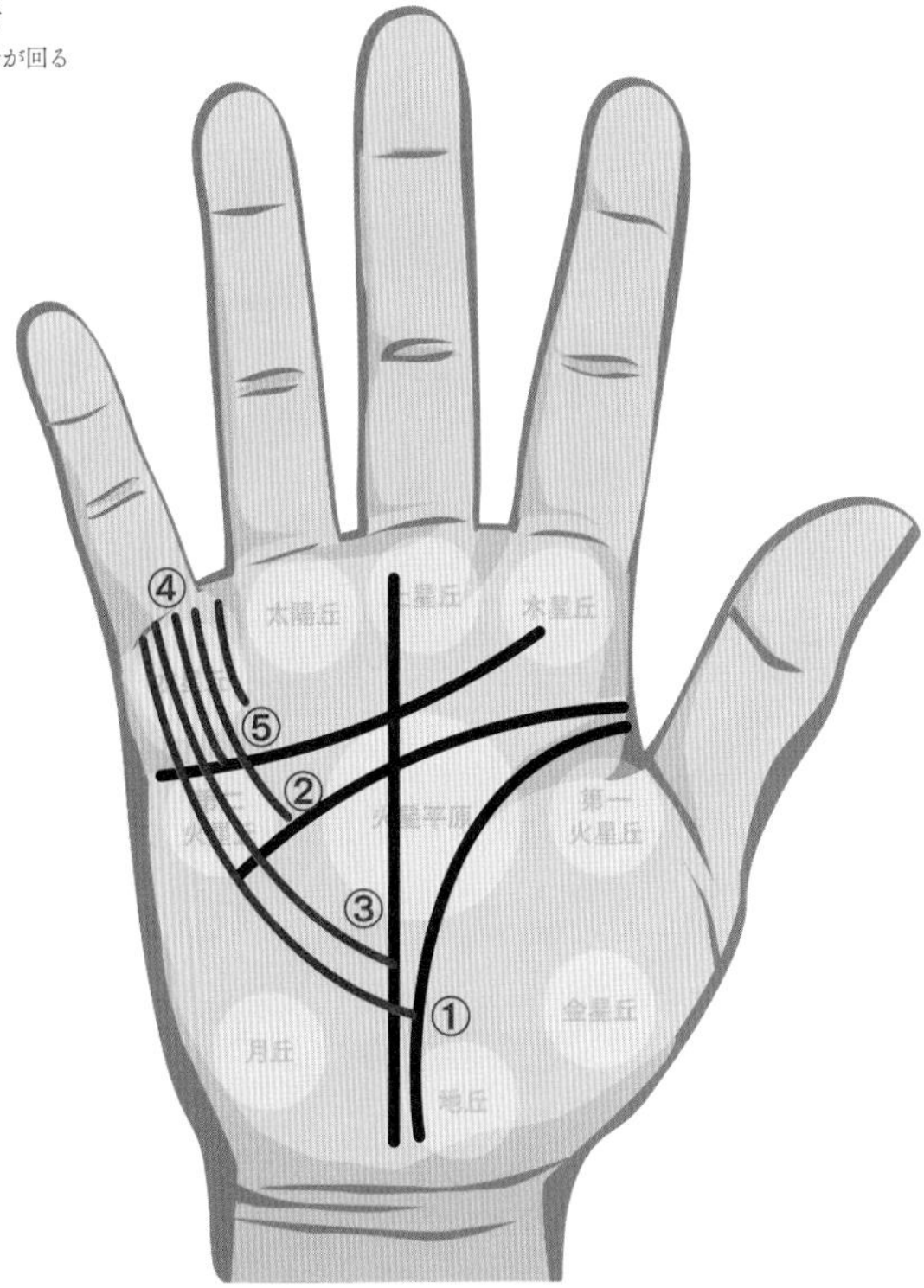

危険サイン

線を横切る障害線や、島紋などが出ているときは要注意。これらが出ると、お金を得るために無茶をして心身を壊してしまうとか、ギャンブルや投資で大失敗をするなど、いろいろな意味で「事故」が起こりやすい時期だと言えます。

また、財運線の先端に×印が出ているときは、本当に危険な状況です。これ以上お金を使ったり、クレジットカードを使ったりすると「行き詰まるぞ」というサイン。基本的に×印は「最後」を意味していますが、この場合、自分自身が「これ以上行くと危ない」と自覚し、心配しているということ。その不安が手に出てしまっているのです。

でも、行動を改め不安がなくなれば自然と消えていくので、本人次第ではあります。

もうひとつ、財運線がまったくなくてツルツルの人。たまにいるのですが、こうした人はお金にあまり関心がなく、どこか浮世離れした雰囲気があります。

このように、財運線は本人の意識、無意識がはっきりと現れるのです。

結婚線

男女ともに結婚は大きな人生の節目。その運勢を示すのが「結婚線」です。小指のつけ根と感情線の間に現れる横線。結婚だけでなく、いま現在の愛情状態を表すことから「恋愛線」とも呼ばれています。詳しく見ていきましょう。

この線が一本だけで、さらに太く長い場合は、一途な愛を貫いて、それが実ってハッピーエンド、本数が多い場合は出会いのチャンスや結婚を意識する回数が多いということを示しています。このように、実際に結婚というゴールに行き着かなくとも、人生で結婚を意識した相手との恋愛経験のたびに刻まれる線。

それだけではありません。あなた自身が結婚したいと思っていなくても、相手から結婚を強く迫られて、意識してしまった場合にも刻まれることが多いのです。逆に線がない場合は結婚願望が薄い状態、そして下に下がっているときは愛情が冷めている状態という解釈ができます。

結婚線において年齢を見る場合、これまでの流年法とは違う特別の流年法で見ます。図をご覧ください。

感情線が起点となり小指のつけ根までの間をみます。まず女性の場合、四分の一あたりが一八歳〜二〇歳位、二分の一あたりが二六歳〜二七歳位、四分の三あたりが三二歳〜三三歳位、そして、小指のつけ根あたりが五〇歳となります。

一方、男性の場合は、四分の一あたりが二〇歳〜二三歳位、二分の一あたりが二八歳〜三〇歳位、四分の三あたりが三五歳〜三六歳位、そして、小指のつけ根あたりは、女性と同じ五〇歳となります。五〇歳以上の方は男女共に、運命線で見ます。

「結婚線」はどこに向かうかがポイント

結婚線はどこに向かうのか、そしてどんな形をしているのかが重要です。個々のパターンを見ていきましょう。

①小指方向に向かって極端に上がっている場合

現実主義者の人が多く、今は結婚よりも趣味や仕事の方が大事で、結婚の時期ではありません。

②小指と薬指に向かって緩やかに上がっている場合

結婚に対してポジティブで、価値観の合う相手との恋愛を志向している人に出やすい線です。

③太陽線に達するほどすごく長い線の場合

太陽線は人気や評価を示していることから、結婚によって「玉の輿」に乗れる人です。結婚することによって、名声や名誉を得ることができます。

ただ、長すぎるのは要注意。太陽線でピタッと止まっていればいいのですが、伸びすぎると太陽線の障害線になってしまいます。どういうことかと言えば、玉の輿に乗りたいために無茶をしてしまい、逆効果になってしまいがちなのです。

④先端が二股に分かれている場合

これは結婚して何十年も経ったり、つき合って長くなったりするとよく出てくる線です。愛情が冷めはじめていて倦怠期の状態を表します。単身赴任で別々に暮らしている場合などにも出てきます。ただ、それだからと言って悪い方向に行くだけではありません。先端が二股ということは、恋人同士、夫婦の関係がダメな方向に進む可能性ももちろんありますが、逆に愛情を取り戻してラブラブになることもあるからです。

結婚線：恋愛運・結婚運

終点

①小指方向に向かう
・リアリスト
・結婚より仕事などが大事

②緩やかに上昇する
・ポジティブな結婚
・価値観・人生観が合う恋愛

③太陽線に達している
・玉の輿婚
・名声名誉を得る

④先端が二股に分かれている
・愛情が冷めはじめている
・倦怠期

⑤感情線を越えて下がる
・愛情が戻らない
・離婚・別居

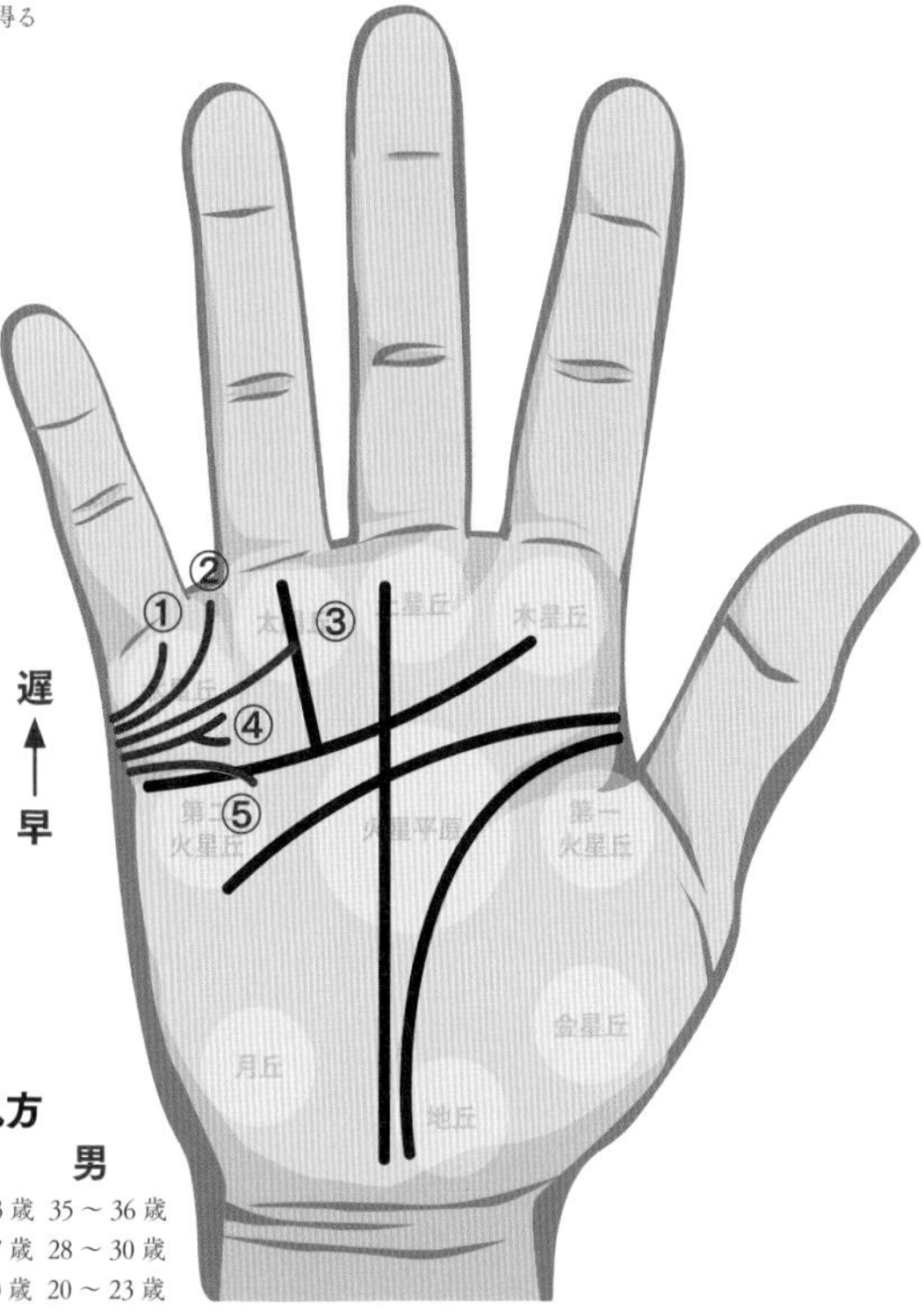

流年の見方

	女	男
3/4・	・32 ～ 33 歳	35 ～ 36 歳
1/2・	・26 ～ 27 歳	28 ～ 30 歳
1/4・	・18 ～ 20 歳	20 ～ 23 歳

⑤感情線を越えて下に下がっている場合

もう無理。揉めに揉め、ドロドロな愛憎劇を繰り広げたりする可能性が大。こうなると、元の鞘に戻るのは不可能と言わざるを得ません。恋愛には「大人のけじめ」も大切。別れるにしても「いい別れ」にしたいものです。

変わったところでは、二ヵ所から結婚線が出発し、最後に一つになる場合があります。これは、大きな障害を乗り越えて結婚するケース。今はあまりないかもしれませんが、家の格が違ったり、身分が違う二人が障壁を乗り越えてゴールインするような場合です。いわばロミオとジュリエット型とでも言いましょうか。

そして、結婚線に平行して短い線がある場合は、浮気や不倫を示しています。結婚線の上に出ている場合は、結婚した後に相手が現れたということ。しかも短い線ということは、浮気や不倫を示しているわけです。これがしっかりとした線になると、二回目の結婚ということになります。

その他の補助線

モテまくる「フェロモン線」

人差し指と中指の間のつけ根あたりから、薬指と小指の間のつけ根までを結ぶカーブした線を「金星帯」といいます。この線がある人は、恋愛運に恵まれている人で、とにかくモテます。そのため、別名「モテ線」「フェロモン線」などとも呼ばれます。

この線が現れているとき、女性は女性らしいセクシーさが、男性は本来の男らしさがみなぎっている、つまりフェロモンがあふれて異性を惹きつける魅力がいっぱいの状態で、とにかくモテます。線の間が途中で離れていても構いません。

ただ知能線の出方によって、モテ方が違ってきます。知能線がはっきり出ている人は、知性的でフェロモンがあふれている状態。こういう人は感受性や創造性が豊かなので、芸術的な才能も発揮、芸能関係などで活躍します。

ところが、あまりはっきり出ていない人は、感情の起伏が激しくて情に流されやすい人。理性や知性に欠ける行動に至ってしまう場合があります。色気はむんむんのため、多くの異性からお誘いを受けて、理性を失った行動に走ってしまう可能性があるので要注意です。

また感情線に接している場合には、三角関係をはじめとする男女間のトラブルに巻き込まれそうな暗示。

とは言え、このモテ線がなくてもモテる人はモテます。「私、モテ線がないんですが、モテないんでしょうか」と心配して、私のところに来られた方がいますが、結婚線がしっかりしていました。そのため、「家庭的な線が出ているから、結婚を真剣に考えている男性からはモテますよ。なのでそのへんをアピールすれば大丈夫」とお伝えしたところ安心されていました。

だから、仮にモテ線がとても薄かったり、出てないからといって不安になったり、悲しい気持ちになることはないのです。

金星帯（フェロモン線）

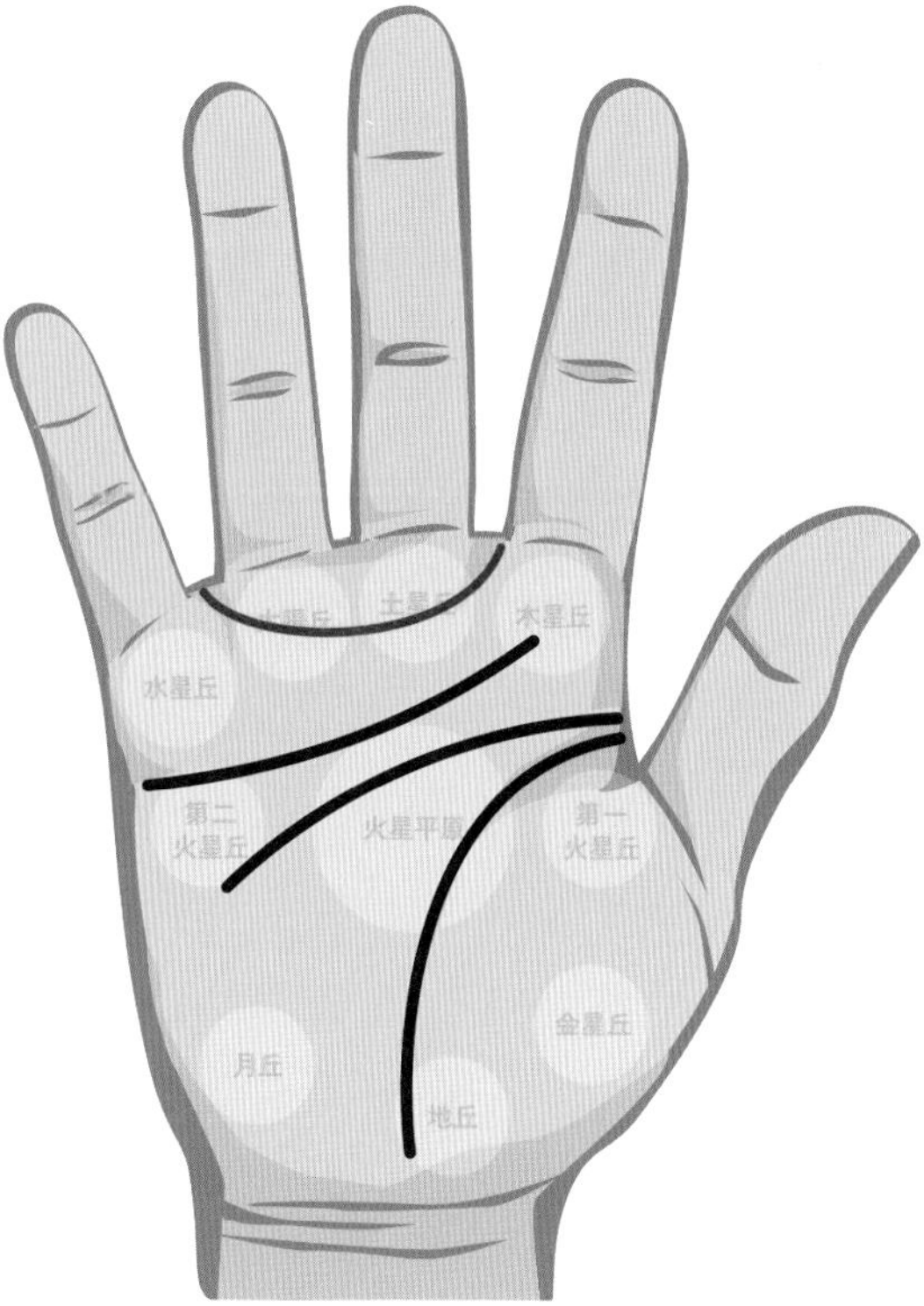

夢が叶う「希望線」

皆さんはいろいろな夢をお持ちでしょう。そんな夢が叶いそうな手相が「希望線」です。生命線から木星丘に向かう線で、向上心があり、夢や目標に向かっている状況を表しています。

希望線の本数でやりたいことの数がわかります。二本なら二つのやりたいことがあるはずです。ただ三本以上出ている人は、やりたいことが多すぎて、中途半端に終わったり、三日坊主になりかねない人と言えます。

この線は生命線から出ており、それは自力で夢を叶えることができるということを表しています。

また、この線に加えて、運命線や太陽線が出ていると、さらに成功しやすいと言われています。

希望線(向上線)

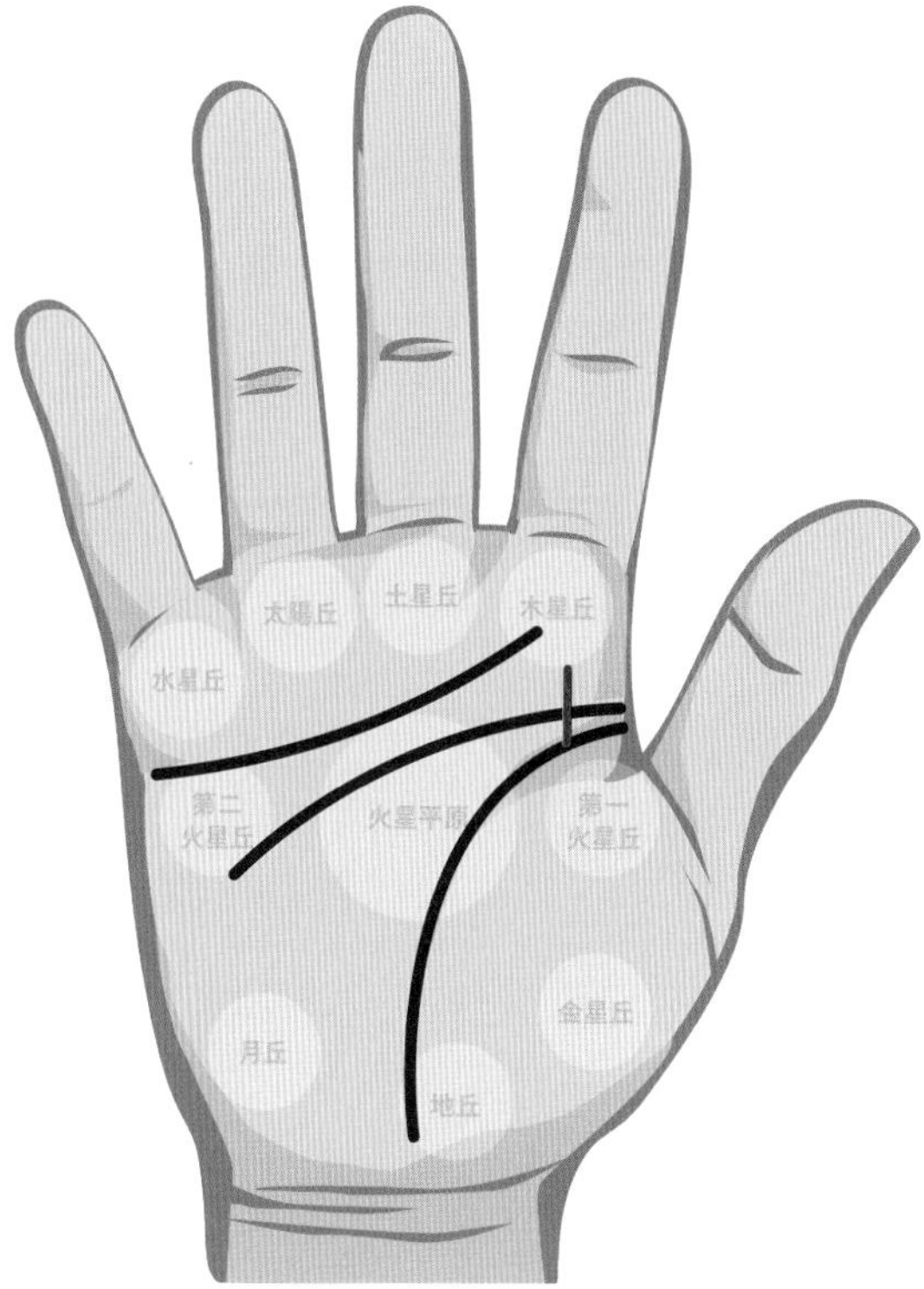
太陽丘
土星丘
木星丘
水星丘
第二
火星丘
火星平原
第一
火星丘
金星丘
月丘
地丘

経営者に向いている「指導線」

人差し指のつけ根、木星丘下部から土星丘に向かう、これを「指導線」と言います。もしくは、木星丘に縦、もしくは斜めに線が出ていたら、それらはすべて指導線とみて構いません。

この線は「リーダー」を示す線で、経営者や管理職、教師、カウンセラーなどの職業が向いています。

線がしっかりと出ていたら、指導力や統率力がある人。人の能力を引き出し、マネジメントしたり、育成したりといったことが得意でしょう。

井戸の「井」の字のように「井桁状」になっているときは、聖職者のレベル。「聖職紋線」「ボランティア線」とも言うのですが、牧師、シスターのように超越した感じです。

指導線

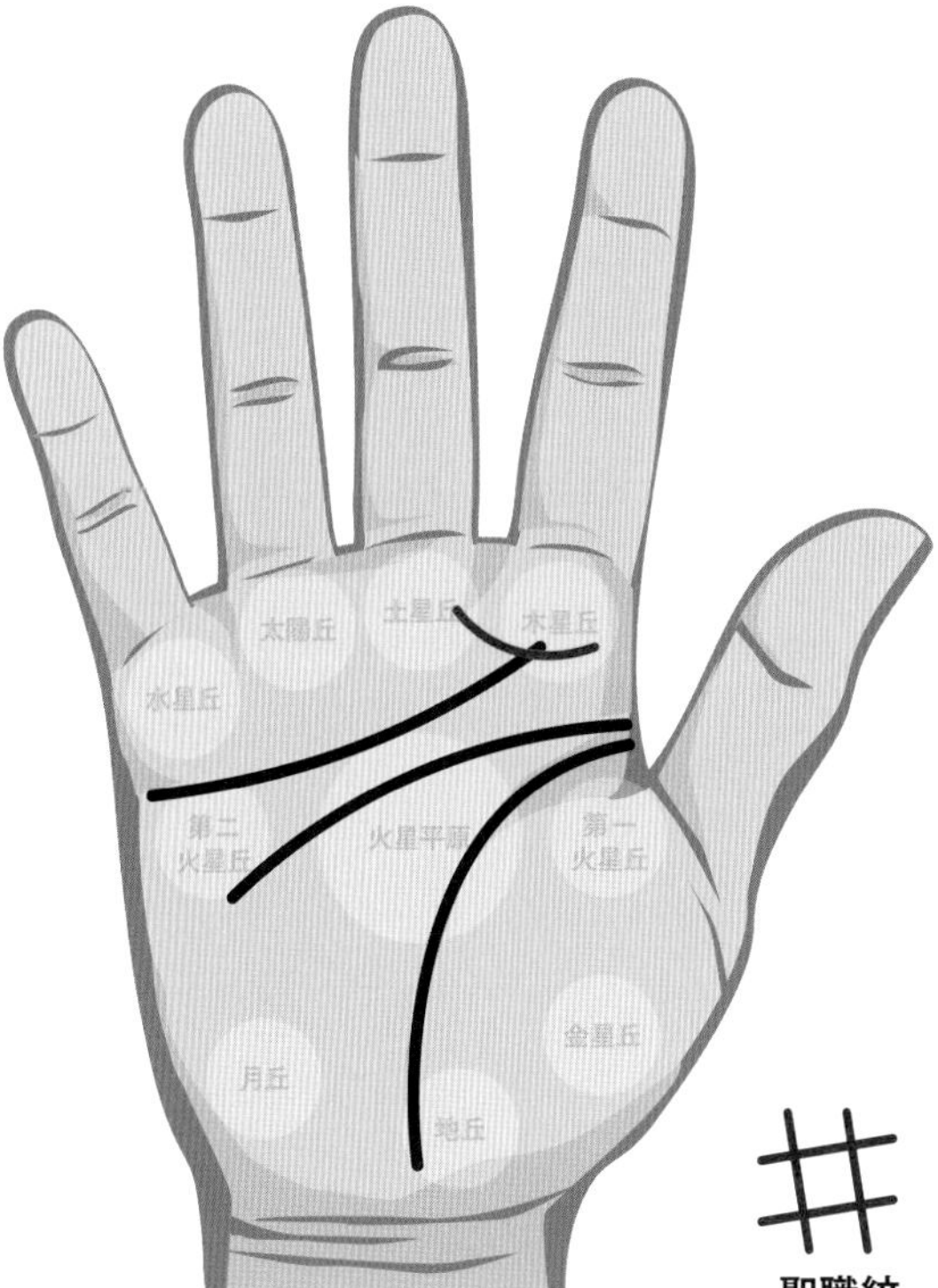

誰とでも仲よくなれる「アピール線」

社交的で、自己アピールが上手な方に出やすい線です。先ほど見たモテ線の人差し指側だけに短い線があるのではないでしょうか。人差し指のつけ根と中指のつけ根の間から出発し、感情線と並行しカーブを描く線のこと。これを「アピール線」と呼びます。モテ線の片側、つまり「色気」の部分がないイメージですね。

この線がはっきりと出ている人は、陽気で社交性があって誰とでも仲よくなれます。また自分の良さを知っていてアピール上手。タレントなど、人気商売に向いている人だと言えます。会社員であればプレゼンテーション能力などを磨くと、さらに上司や周囲に認められるでしょう。

ただ、この線が二本あると自分に酔ってしまう「ナルシスト」タイプ。

もしも薬指のつけ根と小指のつけ根の間から二本線が出ている場合、何を考えているのかよくわからない天然系な人、〝不思議ちゃん〟な人が多い印象です。

アピール線

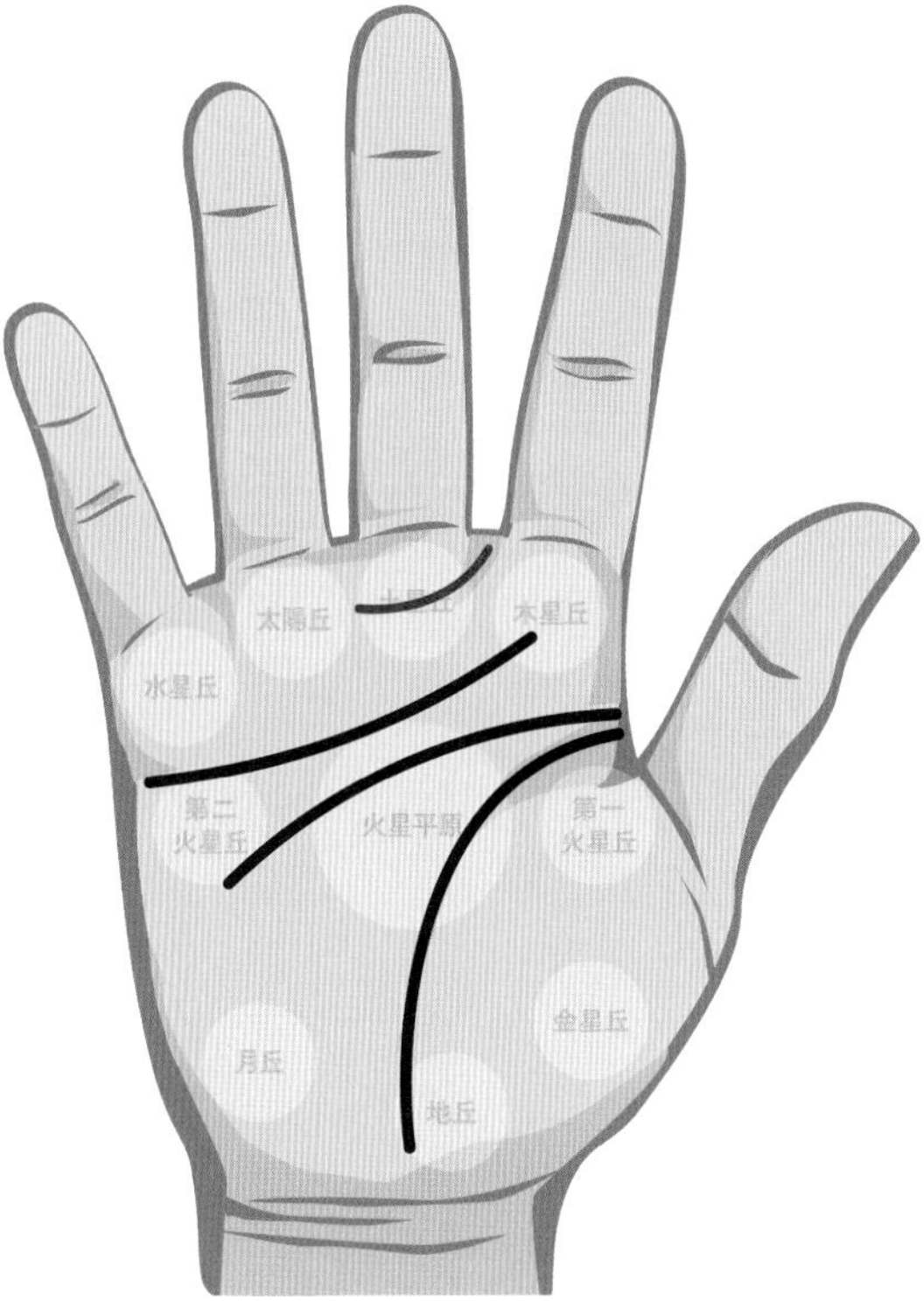

海外に目を向けるといい「旅行線」

生命線の下から出発して月丘方向に向かう線が「旅行線」または「グローバル線」。海外に対する興味が強かったり、海外に関連する仕事をすると開運につながります。線の長さは期間に比例すると言われ、出発点が上の方だと若いうちから、という意味になります。生命線との角度が広ければ広いほどグローバル志向の持ち主、あるいはアウトドア派です。仕事で悩んでいる人は海外に目を向けるといいことがあります。海外の企業と取引する、海外の商品を売るなどすると運を引き寄せるはずです。

また、海外とまではいかなくても、今、この場が嫌、例えば実家にいたくないといった人にもよく出る線です。そういう意味では「独立の線」と言っていいかもしれません。結婚では、仮に日本でいい出会いがなくても、海外ツアーや留学などすれば素晴らしい出会いがあるかもしれません。

旅行線（グローバル線）

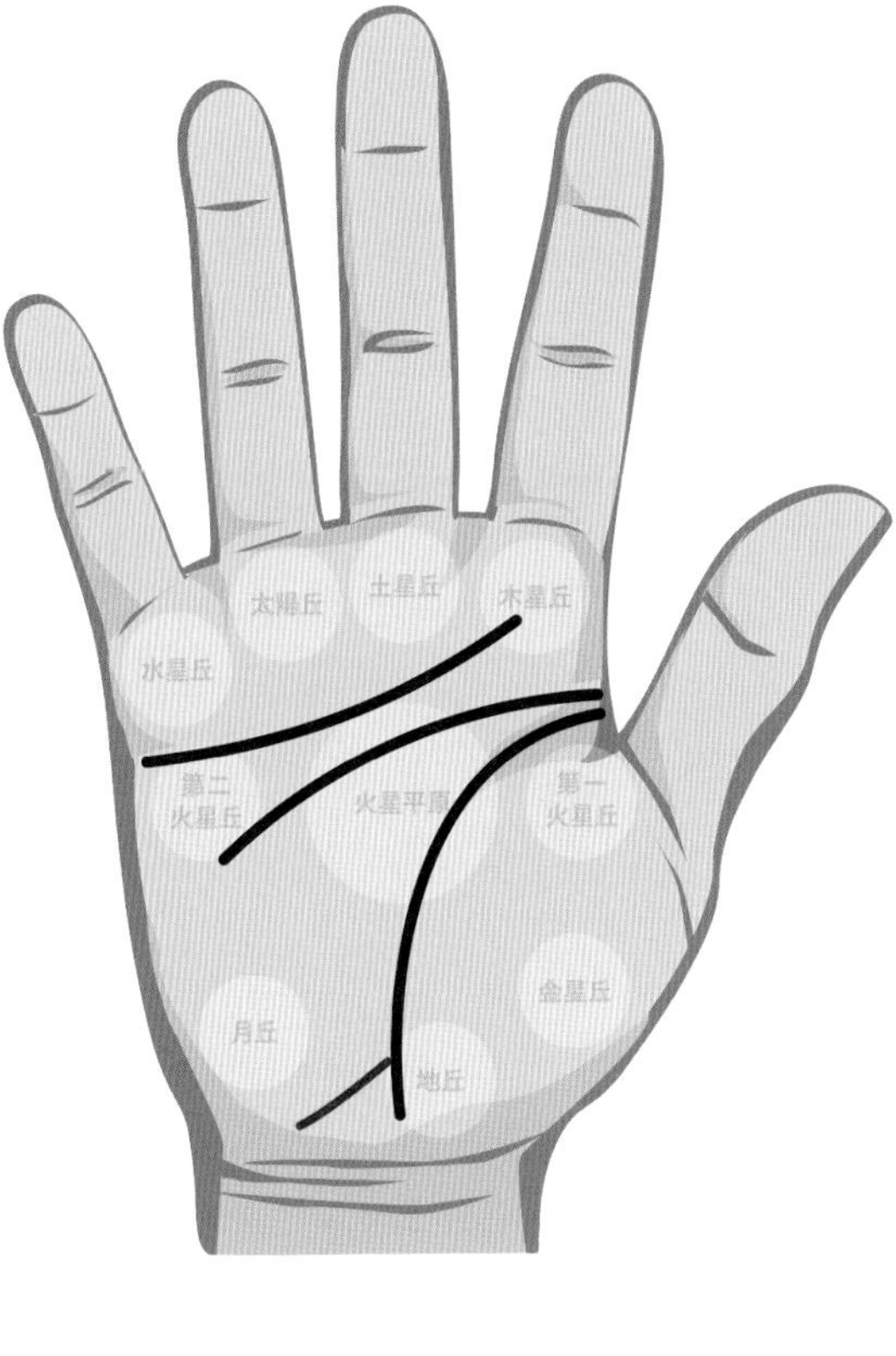
太陽丘
土星丘
木星丘
水星丘
第二
火星丘
火星平原
第一
火星丘
金星丘
月丘
地丘

線の途中に×印などの模様が出ると、アクシデントが起きるサインなので要注意。例えば、海外出張に連続して行くことになり疲弊してしまったり、ものすごく危険な地域に行かなければならなかったり、旅先で危険なことにあったり。ただ、手相に現れたサインを見逃さずに、事前にしっかり対応、準備すればそうした事態は避けられます。運命は変えられないという人もいますが、私はそうした見方には反対です。運命は変えられる。そのための武器が占いだと思っています。

コツコツ「努力線」

生命線から出発し、土星丘に向かう短い運命線のことを「努力線」と言います。この線がしっかりと出ている人は向上心が強く、コツコツ努力することで成功する人です。

とは言え、線の数が多すぎる場合は、やりたいことが多すぎるなど気の迷いあり、無駄な努力をしてしまいがちなので、常に自分のやっていることを客観的に見つめ

努力線

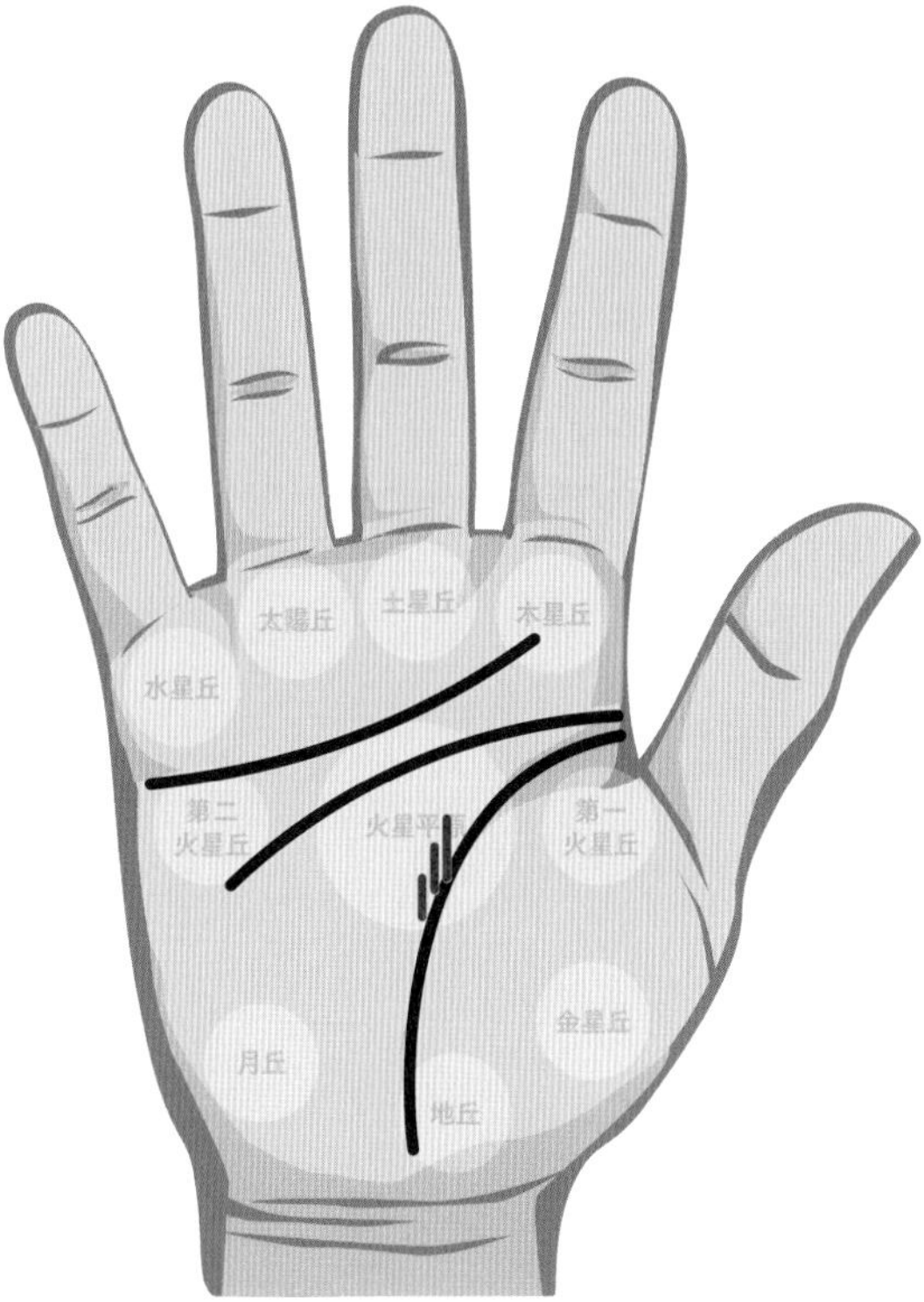

る姿勢が大事です。

誰からも好かれる「引き立てられ線」

月丘から出発し、斜めに運命線に向かう線を「引き立てられ線」と言います。運命線には達していない線です。月丘は「他人」の意味があり、ここからスタートしているので他人から引き立てられて開運するという線なのです。こういう人は、人柄もよく、誰からも好かれるといった性格の持ち主です。

一方、同じように月丘から出発した線で、運命線に交われば、「寵愛線」になります。目上や年上の人たちから可愛がられます。運命線との交点が、開運の時期を表しています。ただ、運命線を通り越してしまうと障害線になりますし、交点が運命線から離れていってしまうと愛されなくなっていくサインになるので、日頃の自分の言動には要注意。常に軌道修正する柔軟性を持ってください。

引き立てられ線・寵愛線

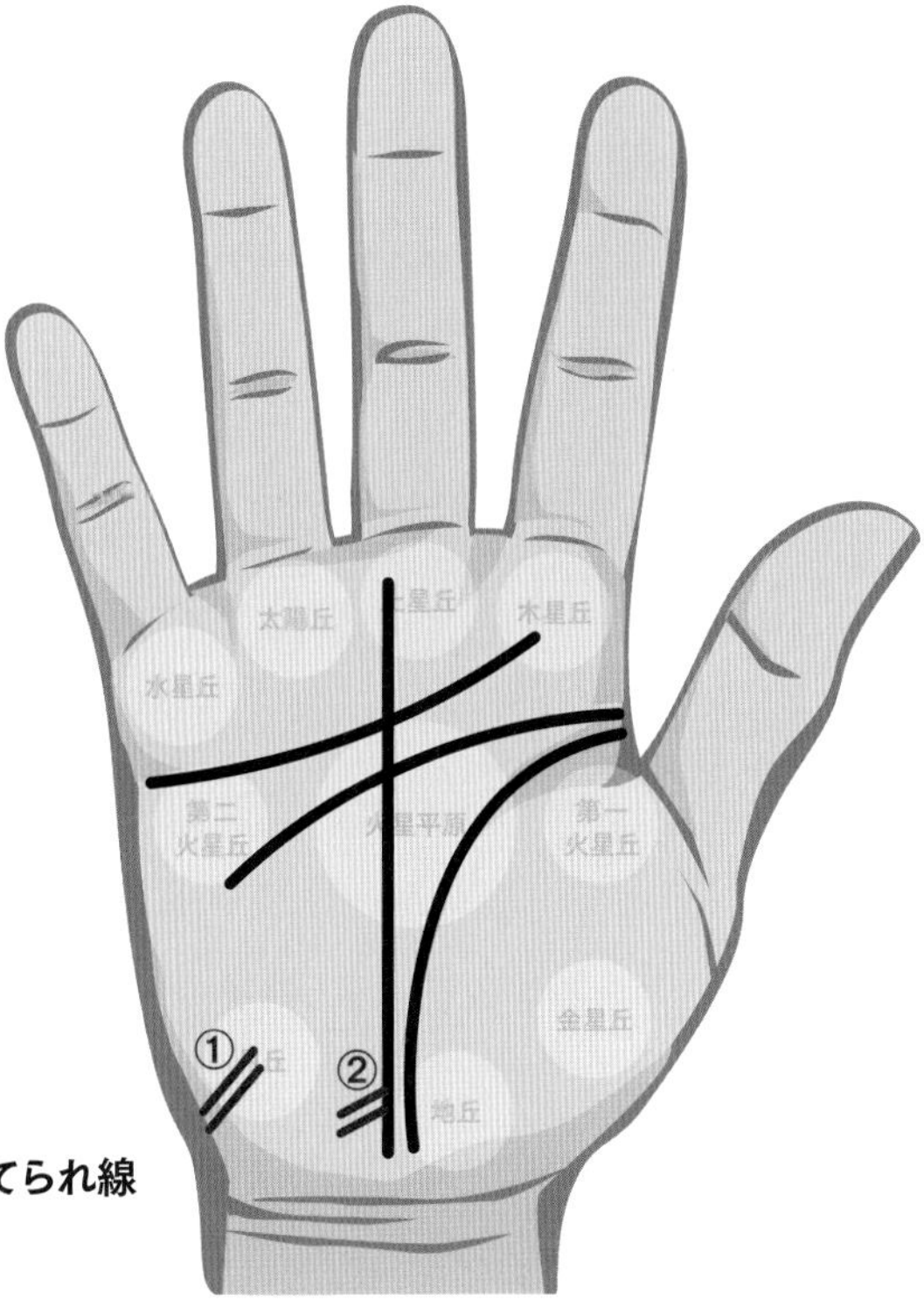

①引き立てられ線

②寵愛線

ご先祖様の導きにより災いから守られるラッキーな「神秘十字線」

たまたま寝坊していつもと違う電車に乗ったら大事故に遭わずに済んだ、いつもと違う通学路を通ったら事故に遭わずに済んだ…。こうしたラッキーな人は「神秘十字線」が出ていることが多いようです。

中指の下あたりにあり、感情線と知能線との間に現れる十字形の線で、運命線とクロスしている神秘十字線。この線がある人は信仰心が強く、スピリチュアルなものに興味を惹かれる傾向にあり、直感力に恵まれています。

また、先祖を敬って毎日手を合わせるなど大切にすると、災いから守られ、物事がうまくいきます。つまり、手のひらに十字架を持っている人はラッキーな人で、災いやトラブルを抱えても何とかなっちゃう人なんですね。

神秘的なものに惹かれることもあって、芸術家や宗教家、占い師などの職業の人に多い傾向があります。

神秘十字線

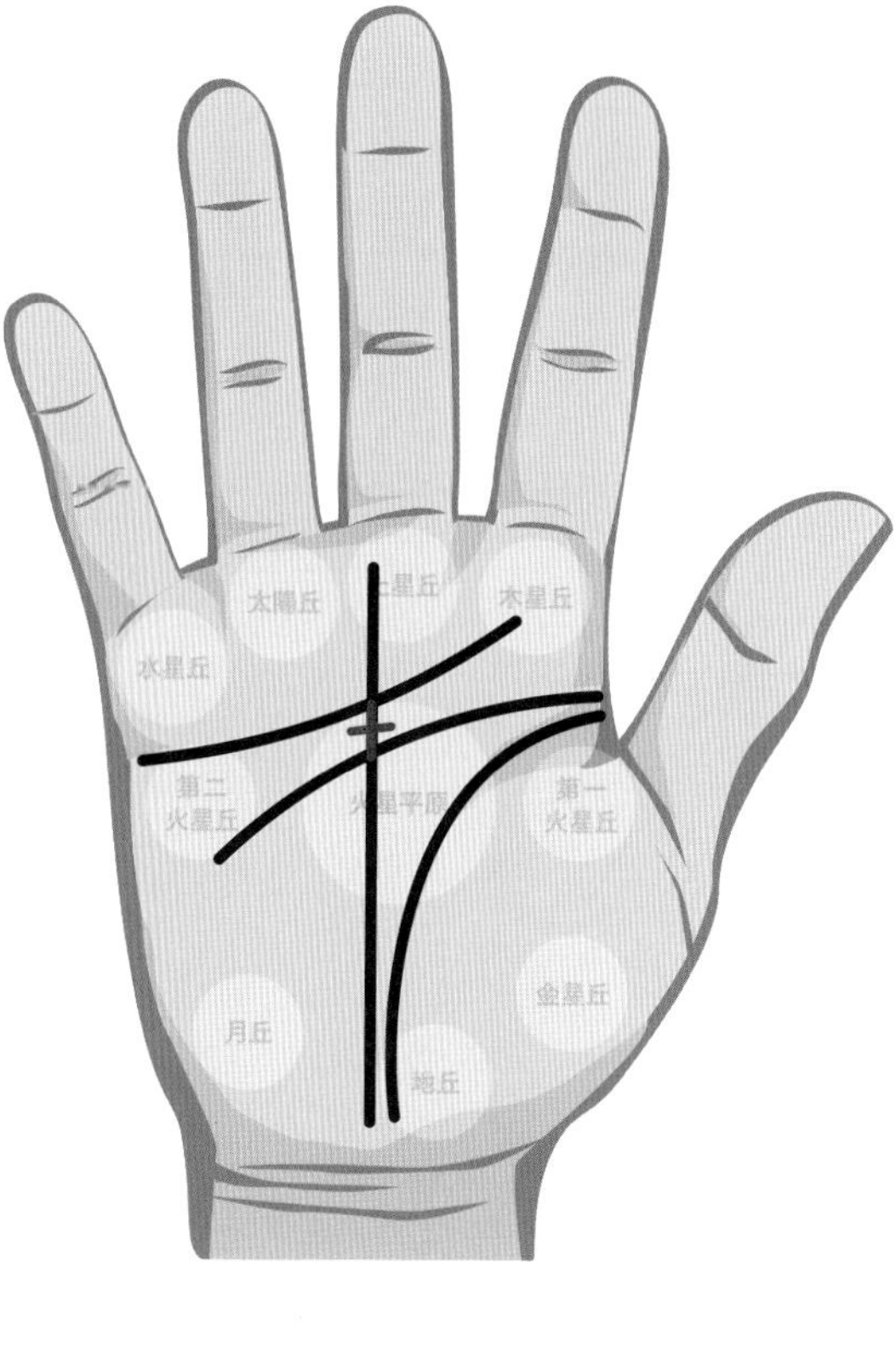

ただ、十字架があったとしても、太陽丘の下でクロスしている場合、神秘十字線ではありません。ここは感性や芸術の丘ですので、ファッションセンスやデザインセンスが優れている傾向が強く、アパレルメーカーなどにお勤めの人が多いようです。

数万人に一人の「直感線」

月丘から水星丘に向かって弧を描きながら伸びる線がある人は、数万人に一人と言われる珍しい手相の持ち主です。この線は、「直感線」と言って、直感や霊感の優れている人に現れます。インスピレーションが舞い降りることが多く、予知能力が備わっている人もいます。職業的には芸術家や占い師などに向いています。金融トレーダーなど、一日に何十億円というお金を取引するような人にも出ることがある線です。

直感線

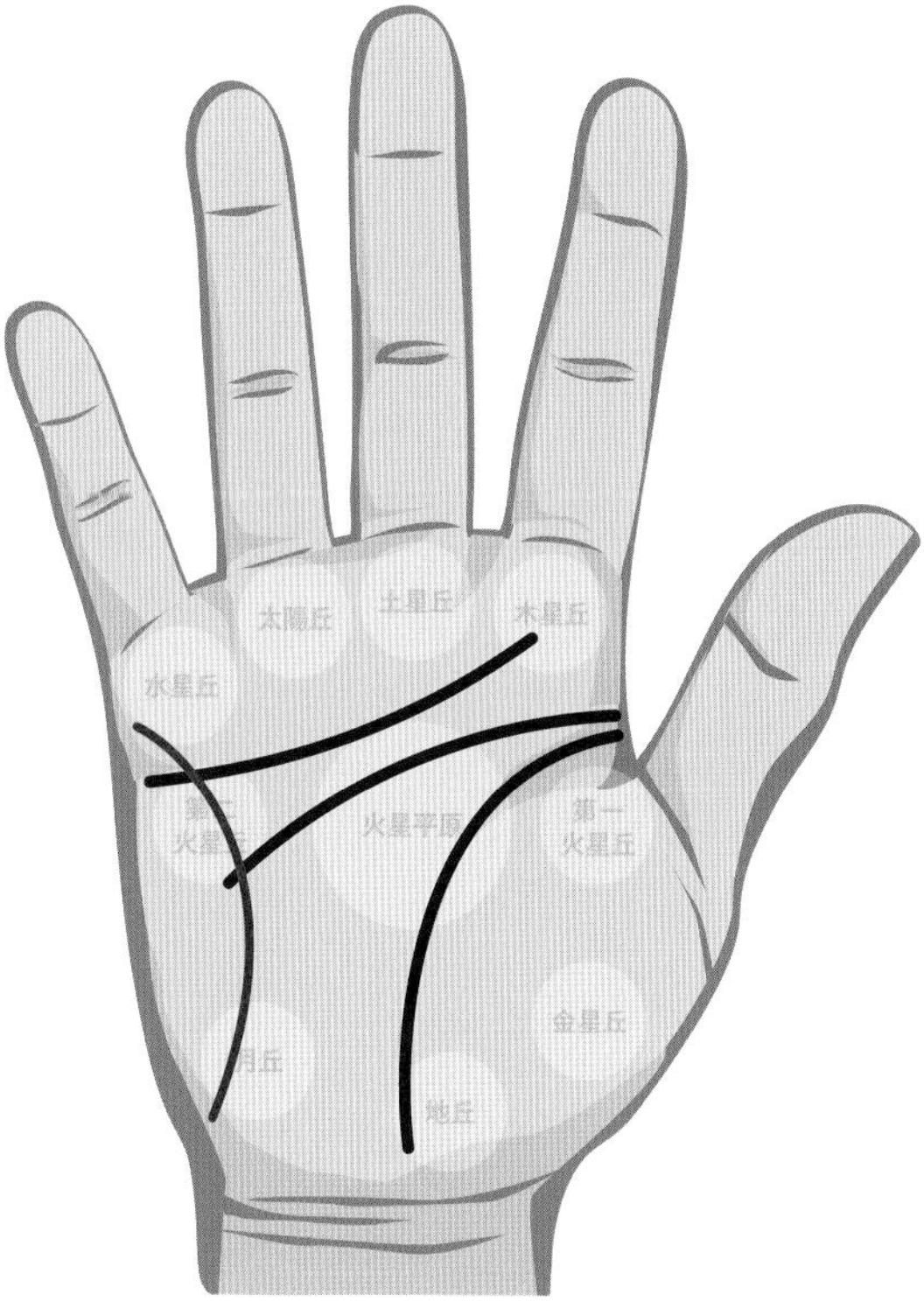

疲れのサイン「放縦線」

「最近、なんだか疲れている」「精神的にもつらい」。そんな風に感じている人は、手首の近くを見てみてください。月丘の下から生命線に向かって横に、手首と平行に伸びている線がありませんか？　それが「放縦線」です。

この線が出ていると、体力を消耗して疲弊していたり、精神的にまいったりしているサイン。長くなって生命線にまで達すると極限状態、生命線を横切ってしまうと障害線となって命の危機、つまり限界を超えたレベルと言えます。

この線を見つけたら、睡眠、栄養をしっかりと取って、規則正しい生活を心がけましょう。疲れが取れてきたらいつのまにか消えていきます。

放縦線

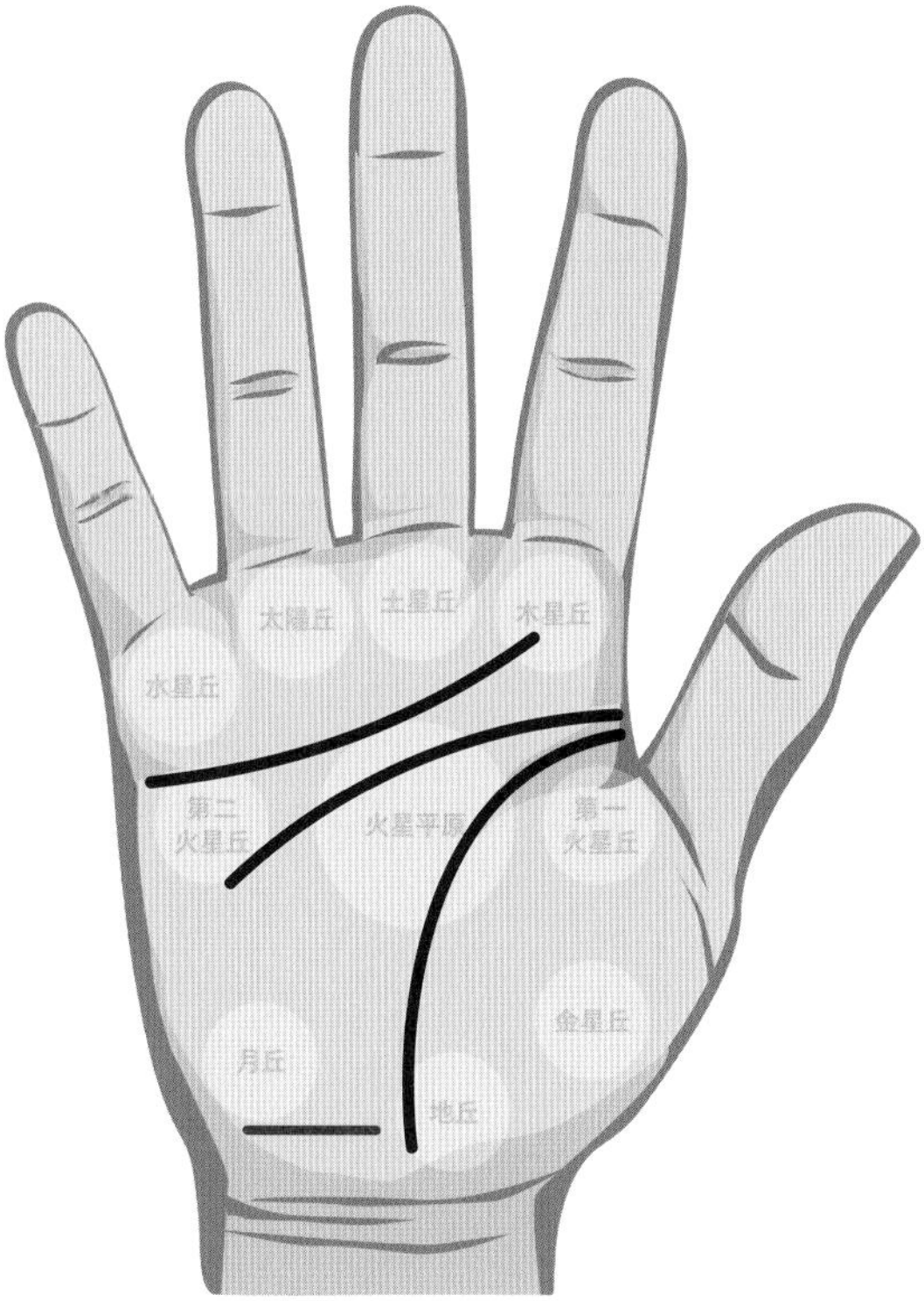

消化器系に要注意の「健康線」

生命線の下から第二火星丘・水星丘に向かって斜めに伸びる線も気をつけましょう。これは「健康線」と呼ばれる線ですが、別名「不健康線」。健康を害しているときに出る線です。財運線と間違いやすいのですが、健康線は水星丘まで行かず止まっている線です。

特に消化器系の病気に要注意。また、金星丘が赤黒いときには心臓をはじめとする循環器系が、薄青いときは胃腸をはじめとする消化器系が、黒やグレーのときには腎臓が悪い恐れがあります。また、硬く張っているときには血圧系に注意です。また月丘に赤いぶつぶつが出てきているときには肝臓が弱っている恐れがあるので飲みすぎに注意です。

健康線

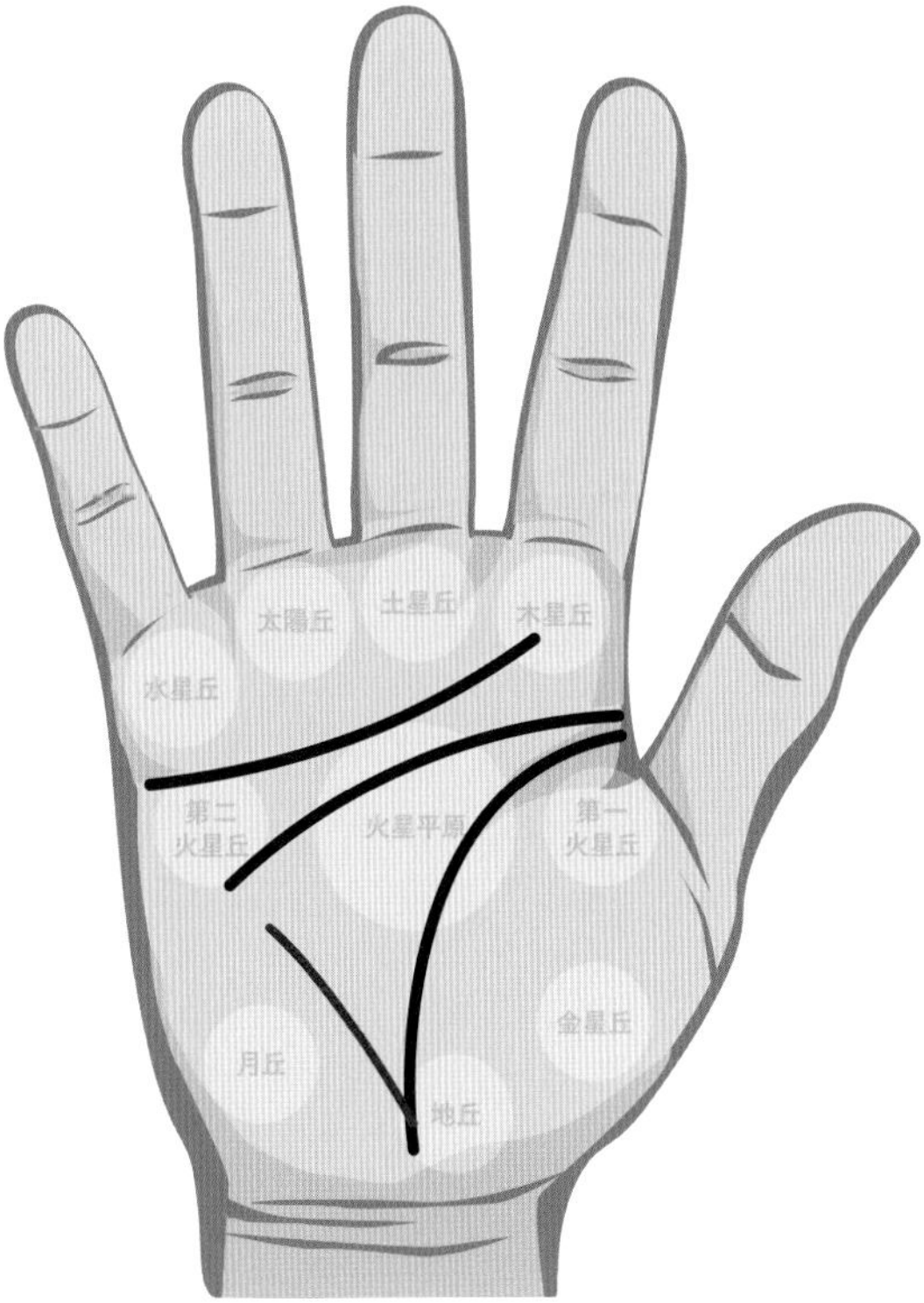

忍耐の末に開運をもたらす「忍耐線」

第二火星丘は我慢だったり、自分との闘いだったりといった意味があります。そこから太陽丘に向かって伸びる線を「忍耐線」と言い、我慢、辛抱、忍耐の末に開運する線です。この線が出ている人は、仮に苦しい時期が続いても、じっと耐え忍ぶことができ、最終的にその我慢が開運をもたらしてくれます。

忍耐線

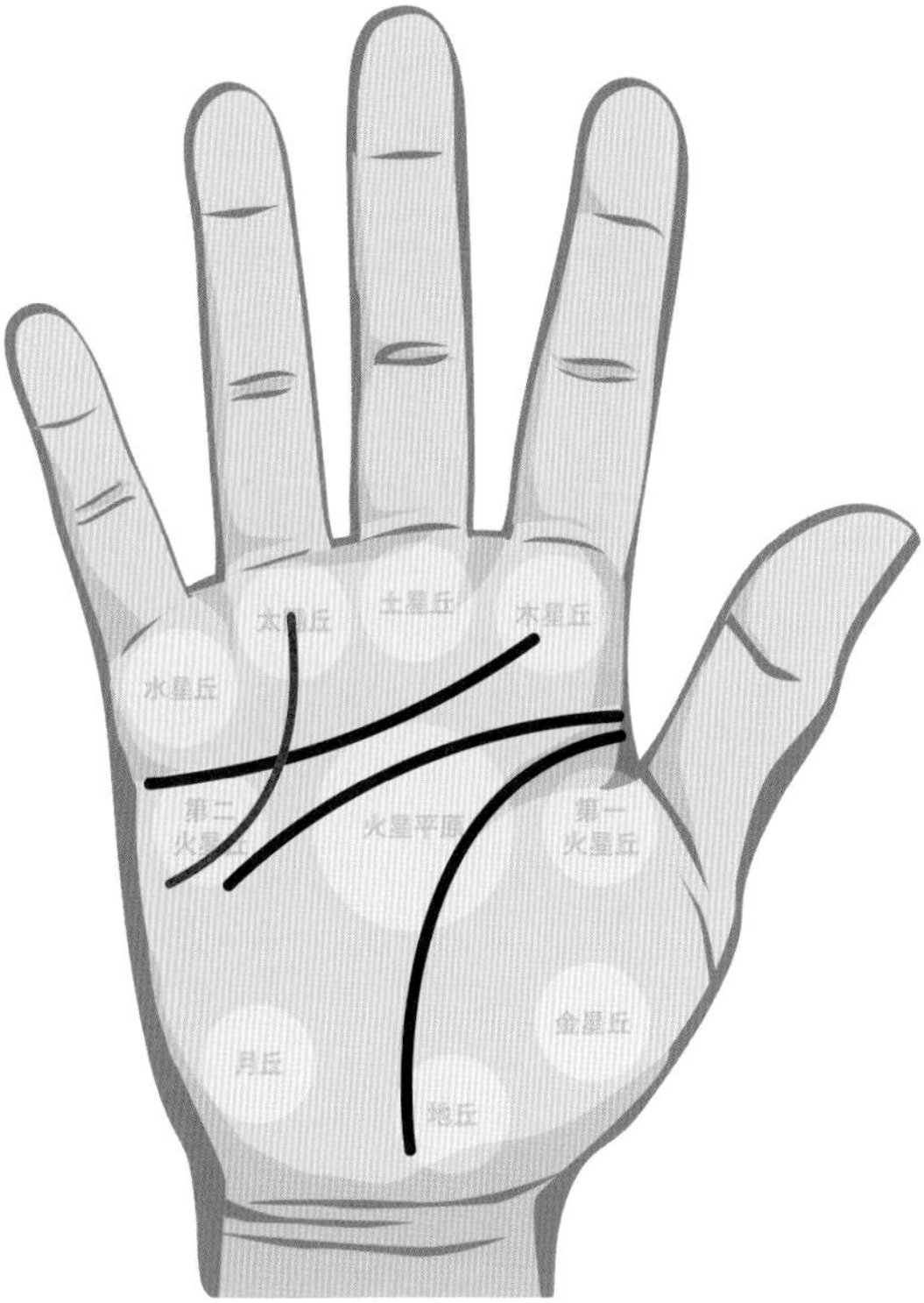

法律家と言えば「主張線」

曲がったことが嫌いで、正義感が強い人によく見られるのが「主張線」です。第二火星丘にふっと横に現れたらこの線で、感情線の下に平行して伸びています。自己主張も強く、特にライバルが現れると頑張ってしまうため「ライバル線」と呼ばれることも。負けず嫌いで、ディベートにもめっぽう強いため、弁護士など法律家に向いている線と言えます。

主張線

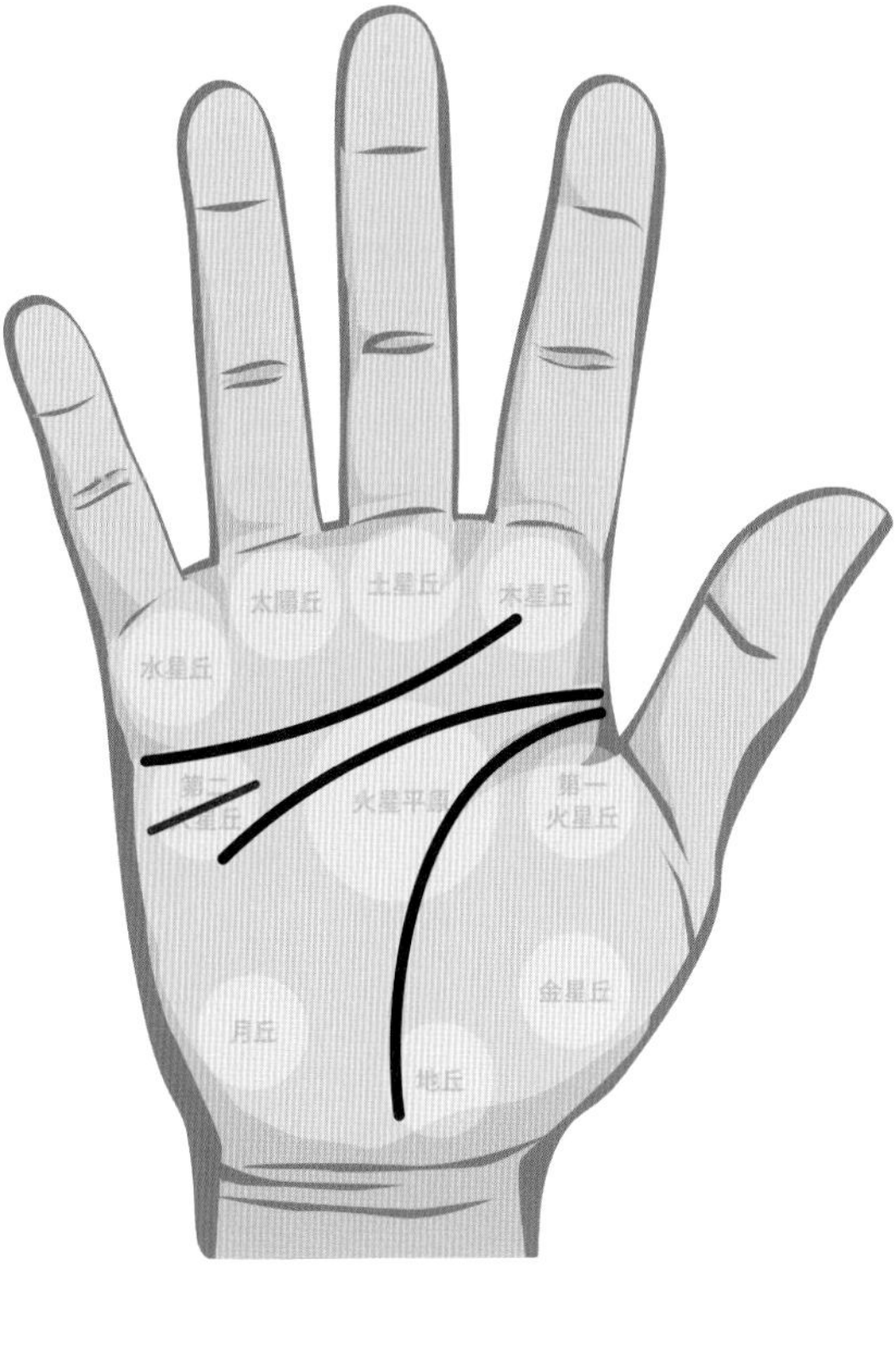
太陽丘
土星丘
木星丘
水星丘
第二火星丘
火星平原
第一火星丘
月丘
金星丘
地丘

偶然の出会いが幸運を生む「ラッキー線」

偶然の出会いや、周囲の引き立てなどを受けることができるなど、幸運に見舞われるのが「ラッキー線」です。少しわかりにくいのですが、第二火星丘と月丘の間から出発し、太陽丘、もしくは土星丘に達しています。

「他人の丘」に近いため、周囲から信頼や評価を得たり、援助や引き立てを受けたりすることができます。また、「忍耐の丘」にも近いので、不遇の時期をじっと黙って耐え忍んでいれば誰かと出会い、その偶然で開運するという何ともラッキーな線なのです。

ラッキー線

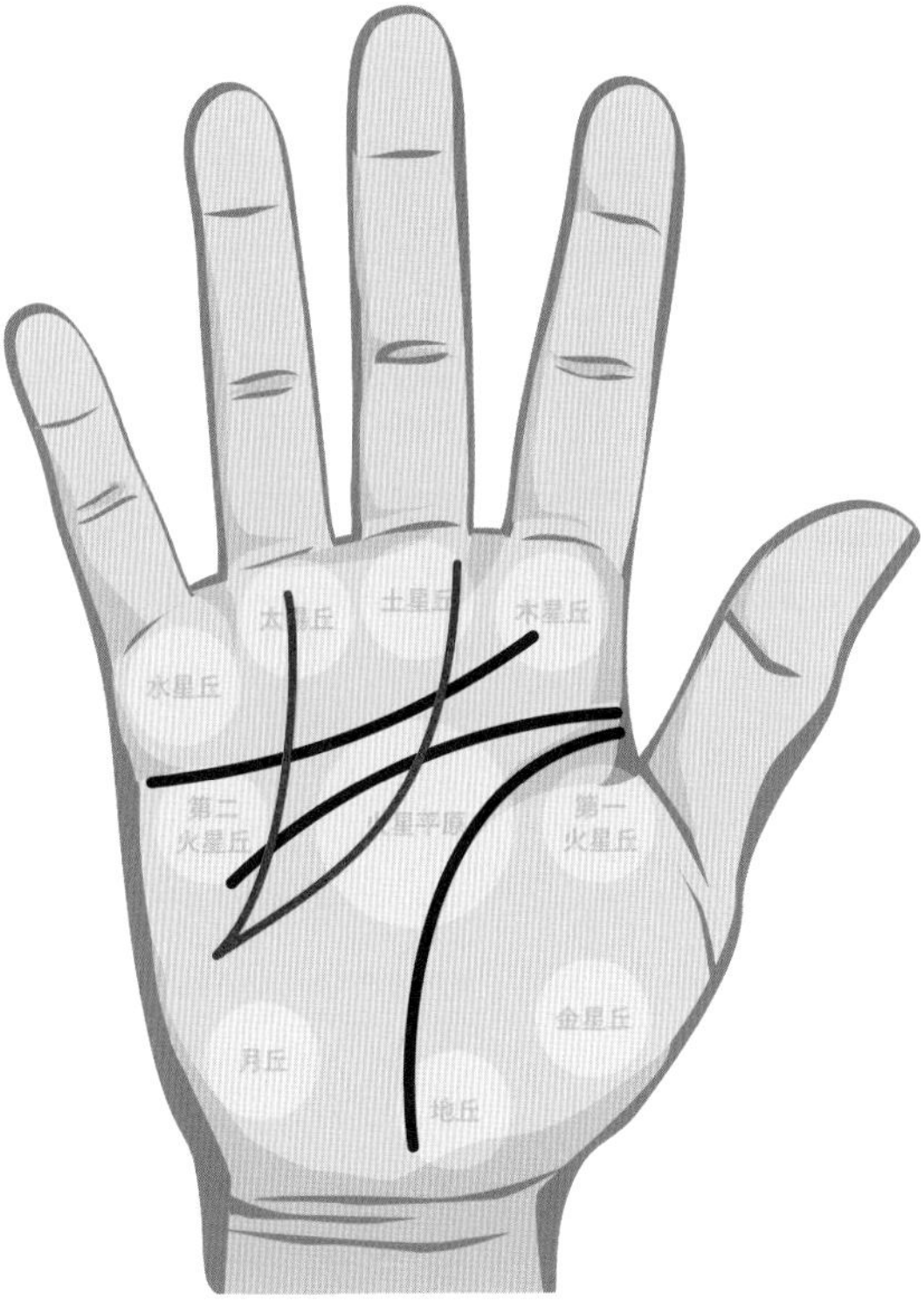

天下取りの「マスカケ線」

かの徳川家康がこの手相だったことから「天下取りの相」と呼ばれるすごい線が「マスカケ線」です。感情線と知能線が一本に重なり、まるでひらがなの「て」のように見えるマスカケ線がある人は、超強運の持ち主。頑張るだけ報われ、好きなことに打ち込めば大成します。

ただ、マスカケ線がある人は、非凡であるため「頑固で変わった人」と見られることも多く、波乱万丈で浮き沈みの激しい人生を送る人が多いのも事実。負ければ地獄。政治家や経営者、スポーツ選手でトップクラスに行く人によく見られる線です。

また、二本の線が一致していないものの、知能線の支線が感情線と直結している場合は「変形マスカケ線」「疑似マスカケ線」と呼ばれます。マスカケ線との違いは、マスカケ線が生まれつきなのに対し、変形マスカケ線の場合は努力によるもの。織田信長や豊臣秀吉なども、この変形マスカケ線だったと言われています。

マスカケ線

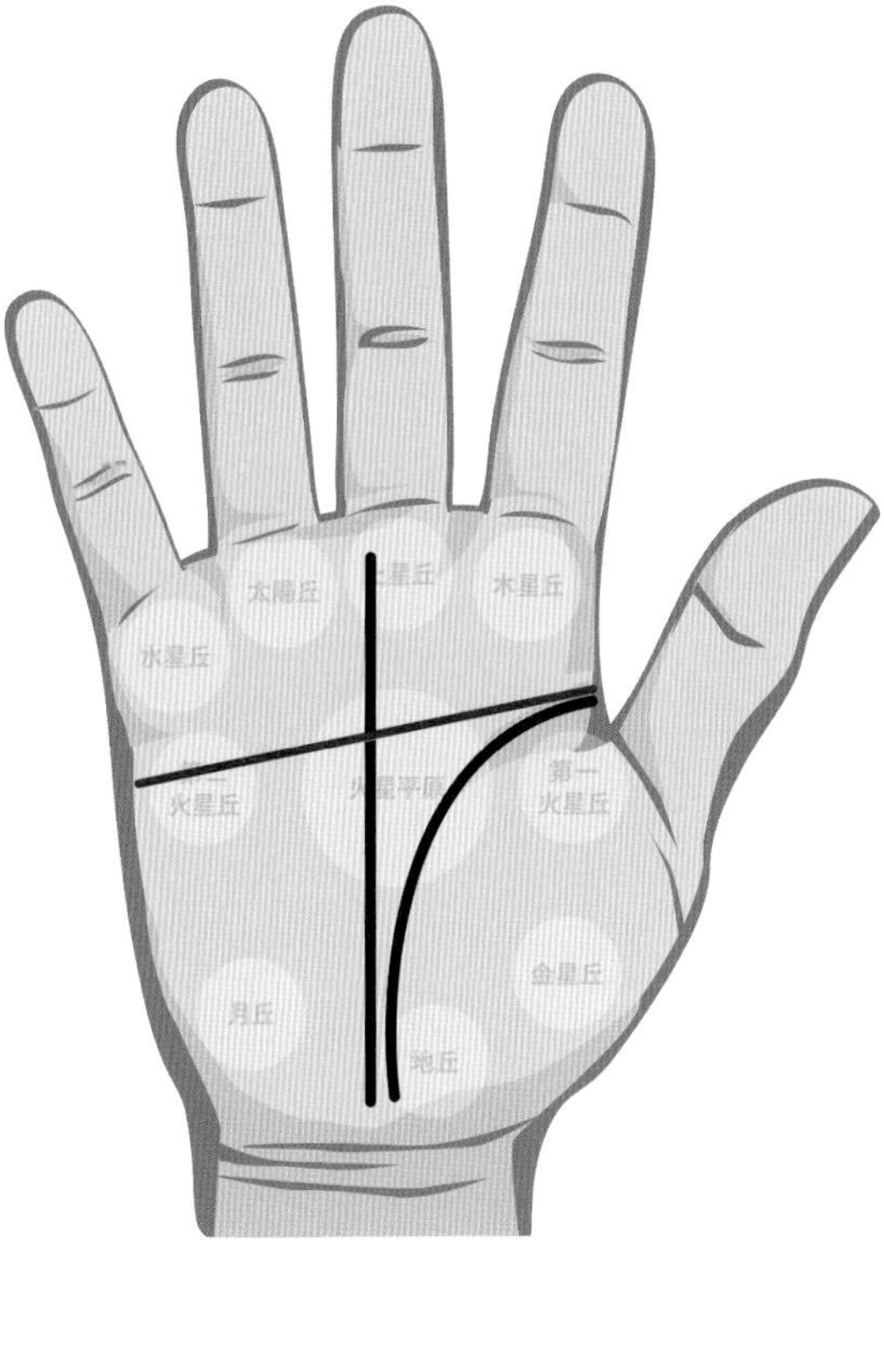

億万長者の「三喜線」

億万長者になれるかもしれない、そんな線が「三喜線」です。

運命線と太陽線と財運線の三つがはっきり出ていることを指します。運命線が三つに分かれているように見える線のことです。

運命線は仕事、太陽線は人気や評価、そして財運線はお金の線で、その三つともがはっきり出ているため「覇王線」、もしくは「億万長者の相」と言われるのです。線が同じところから出発していたら、さらにすばらしい手相だと言えます。

また、若いうちからこの線が出ていると、仕事運に恵まれて名声を得、金銭的にも困りません。ただ、努力を怠ると線が薄れてきて幸運は逃げていくのは、どんな線も同じですね。

三喜線

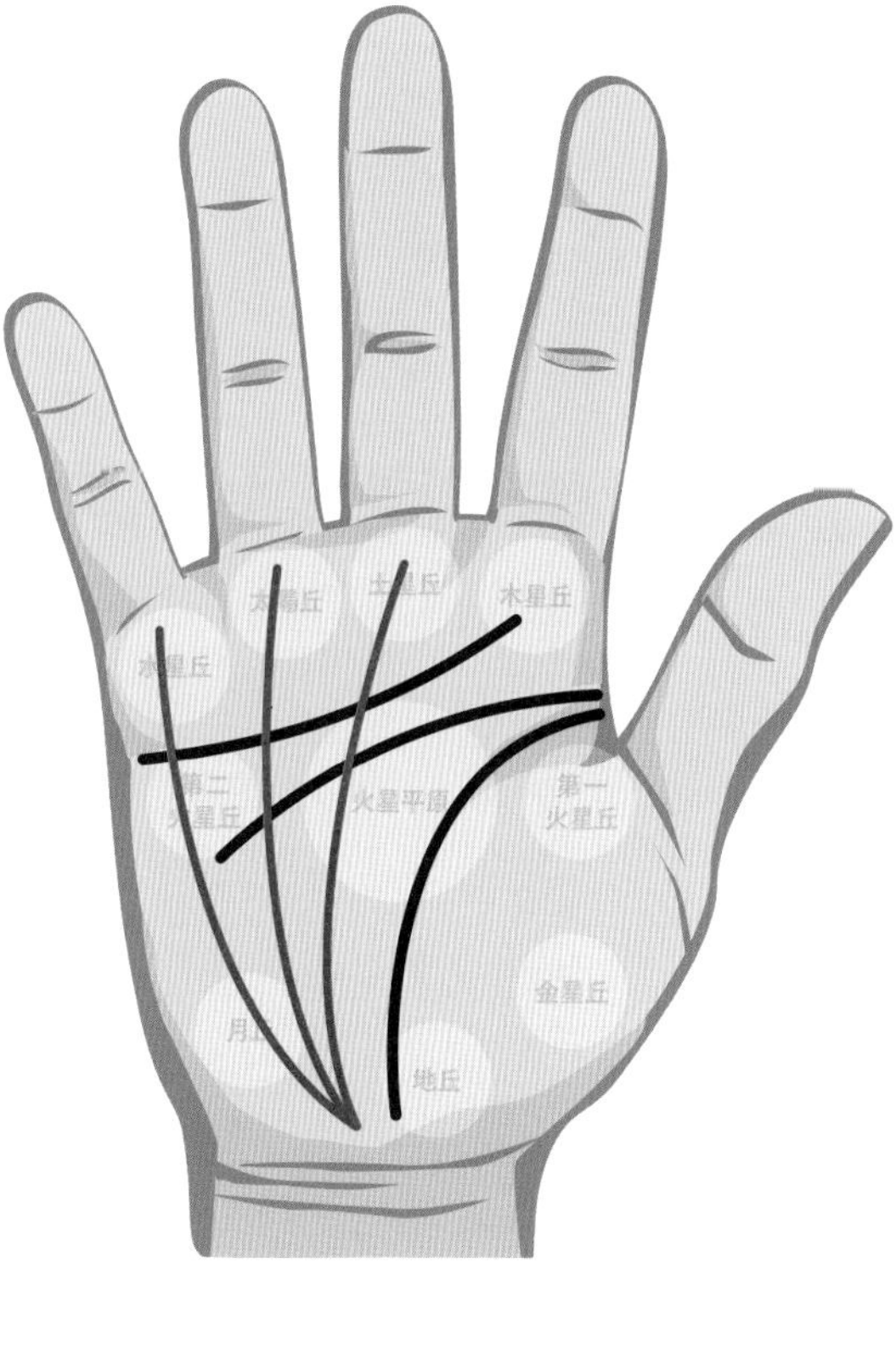

バランスがいい「ラッキーM」

生命線、知能線、運命線、感情線の、これら四大線がしっかりと出ていると、アルファベットの「M」に見えます。そのため「ラッキーM」と呼ばれます。体力、知能、仕事、感情がそれぞれしっかりと出ているこの相は、バランス感覚に優れ、あらゆる面で幸運が訪れるというめったにないすごい相なのです。

ラッキーM

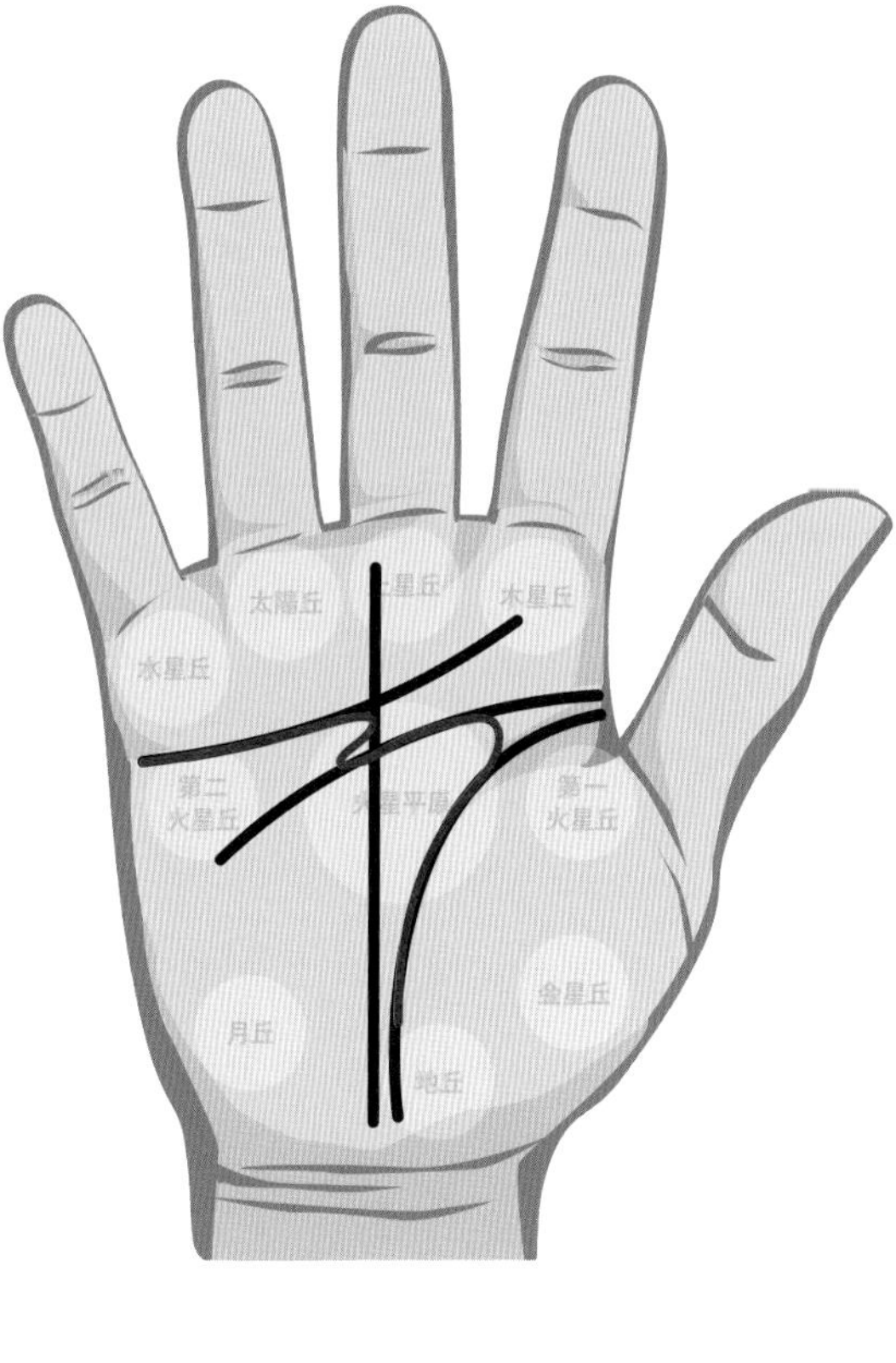

スピリチュアルな「ソロモン環」

これもめったに出ない線で、スピリチュアルな能力に秀でている人に現れるのが「ソロモン環」です。旧約聖書に出てくる古代イスラエルのソロモン王にあった線という説から来たものです。人差し指のつけ根に、輪のような弧を描く線のことで、第六感が大変よく働きます。独特のファッションセンスを持っている人にもよく出る線です。

ソロモン環(リング)

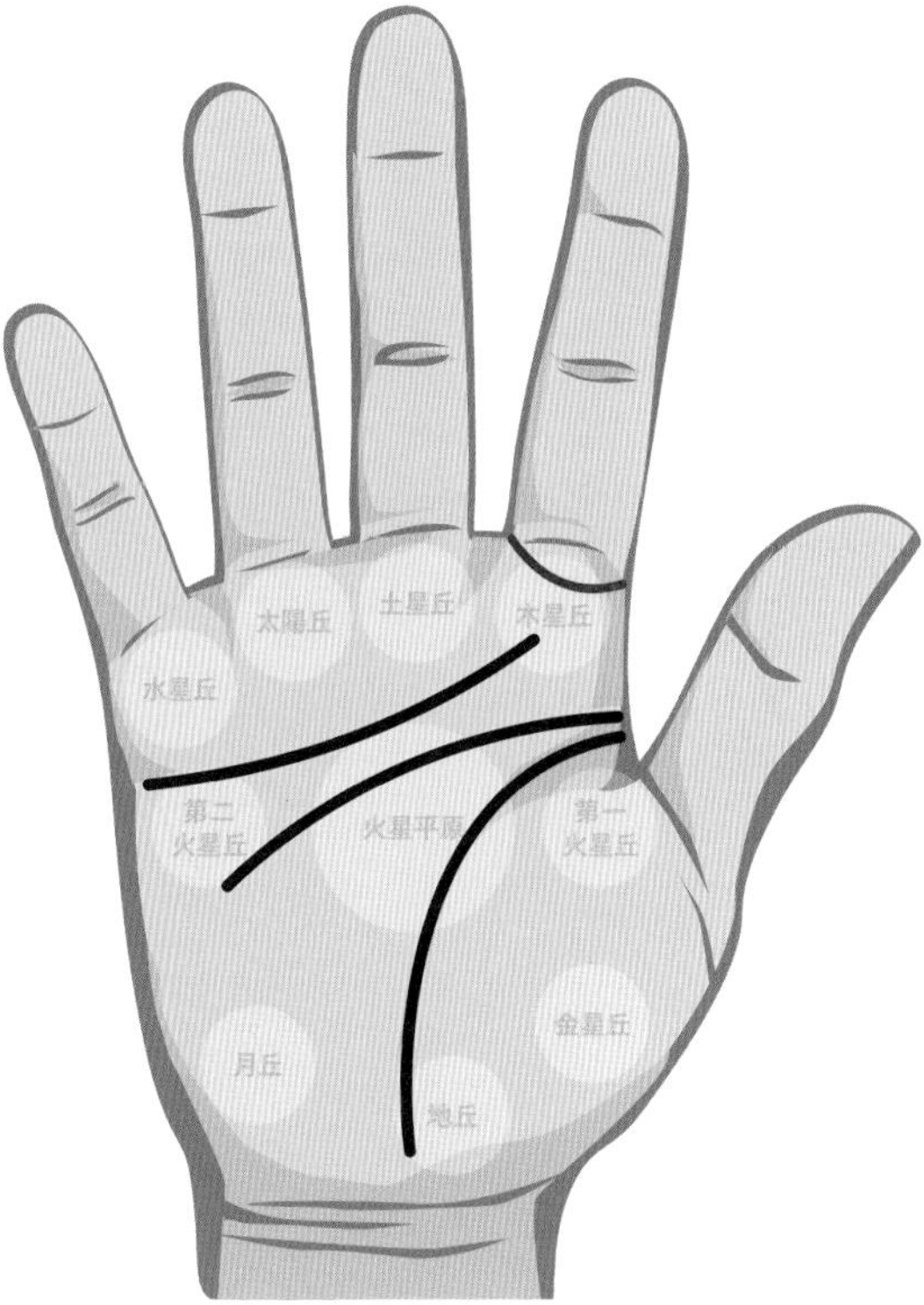

太陽丘
土星丘
木星丘
水星丘
第二
火星丘
火星平原
第一
火星丘
金星丘
月丘
地丘

家族愛が強い「ファミリーリング」

親指のつけ根にある線は、通常、一本線です。それが鎖状になっていると「ファミリーリング」と呼ばれます。この線がある人は家族愛が非常に強く、家族との絆を大切にします。きれいな鎖状になるほどその度合いは強くなり、よき家族に恵まれることでしょう。

ファミリーリング

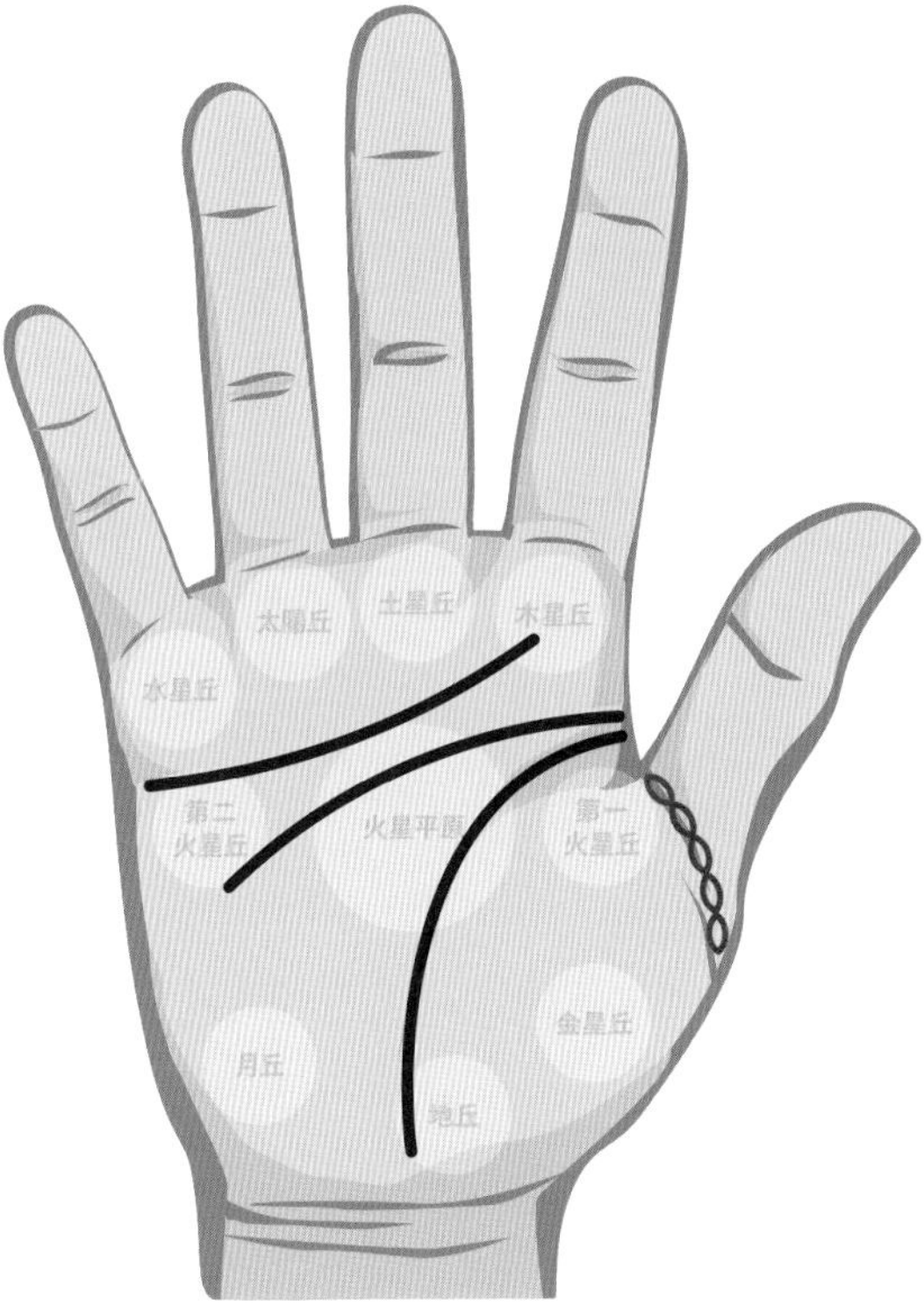

不思議な力を備えている「仏心紋」

特に信心深く、スピリチュアルなことに興味がある人によく出るのが「仏心紋」。親指の第一関節に「目」のような形に見える線です。霊感や直感に優れていて、物事の本質を一瞬にして見抜く力を備えています。この線がある人は慈悲深く、悪人になれないのも特徴です。占い師や宗教家に多い相と言えます。

仏心紋

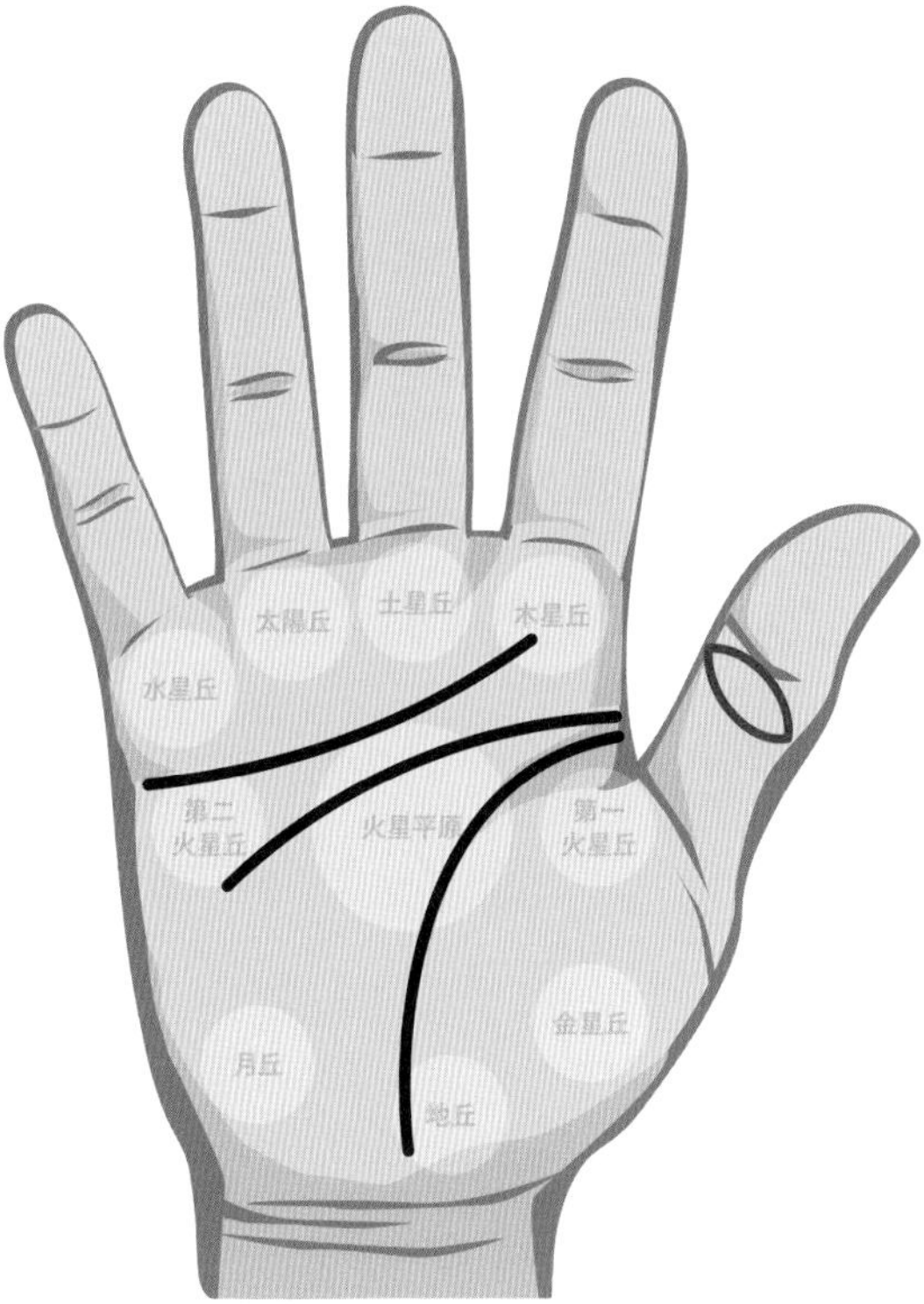

第四章

手相は丘と線、線と線の組み合わせで見る

ここまで、さまざまな線を見てきましたが、これらがすべての人にあるわけではありません。手相は十人十色でみんな違い、人によっては出ていない線もたくさんあります。だからといって心配する必要はありません。その線がなくても、他の線に同じような意味が表れていることもよくあるからです。

手相は、一つの線で見るものではありません。さまざまな線の組み合わせと丘で見ていくものなのです。ここからは私が鑑定をしていて、よく寄せられる質問をもとにして、組み合わせで見ていく方法について解説していきます。

Q 「三〇歳を過ぎました。結婚を焦っています。でも、結婚線が見当たりません。私は結婚できない可能性が高いということでしょうか」

答え① 占いに来られる女性が抱えるお悩みナンバーワンは結婚に関するもので

す。なかでも手相をかじった人によくあるのが「結婚線がないんだけど、一生独身？」といった質問です。まず断言したいのは、結婚線がない＝結婚できない、ではないということ。結婚線がない方は「月丘」を見てみましょう。ここがふくよかだったり、縦や斜め上に上がる線が出ていたら、他人に引き立てられたり、愛されたりする方です。だから、とにかく人の集まるところに顔を出すこと。出会い系パーティーや、合コンなどに出席してみてください。きっとステキな出会いや紹介がありますよ。

答え②

太陽丘がふくよかだったり、太陽線が出ていたりしたら、あなたは人気者になれる人なのです。今まで、仕事や趣味ばかり頑張ってきたのではありませんか？　これからは結婚に的を絞って、お相手探しや理想の相手が喜びそうなことを実践してみてください。必ずや、あなたのことを認めてくれるお相手が現れますよ。

答え③ 金星丘の膨らみも見てみましょう。ふっくらとしていたら、健康状態が良好でパワーがみなぎっている状態です。合コンやパーティーにどんどん出かけてみましょう。そこで気になる方がいたら、明るく声をかけてみましょう。あなたの健康的な魅力でアプローチすれば、うまくいくかもしれません。

答え④ 木星丘がふくよかだったり、縦や斜め上に上がる線が出ていたら、あなたはリーダータイプです。相手に好かれようとしたり、自分を出さずに大人しくしていては、あなたの本来持っているよさが伝わりません。そうではなく、相手をリードするようなアプローチをする方が、満足度の高い恋愛や結婚ができそうです。ただ、くれぐれも偉そうな態度や言葉使いは抑えてくださいね。

答え⑤ 感情線の到達点（または向かう先）が、人差し指のつけ根と中指のつけ根の間に収まっていませんか？　そういうあなたは、昔で言うところの良妻賢母タイプです。ステキな人が現れたら、遠慮なく「素」の自分を表現してみてください。きっと、「結婚」を意識したつき合いが始まることでしょう。

答え⑥

親指のつけ根がリング状になっていませんか？　それは「ファミリーリング」なので、家族を大事にしてください。温かい家庭を築ける人ですから、これぞという人が現れたら、遠慮なく「素」の自分を表現してみてください。きっと、「ファミリー」を前提にしたおつき合いができますよ。

答え⑦

運命線も見てみましょう。流年法で見て、今のあなたの年齢より先から新たにスタートしている運命線はありませんか？　運命線は、仕事だけではなく、私生活においてとても大事な出来事を象徴することが多々あります。もしも、何年か先の年齢の地点から運命線がスタートしていたら、そのときが、結婚のときであると決めてしまってください。きっとうまくいきます。

このように、たとえ結婚線がなくてもまったく気にすることはありません。他の丘や線などには、結婚の可能性が十分表れているのですから。

Q　**「生命線が短いのですが、私は早死にするのでしょうか？」**

答え①　生命線が短い場合は、金星丘（親指のつけ根の下）を見てみましょう。ふっくらしていたら、健康状態は良好でパワーがみなぎっている証拠だから大丈夫です。もし生命線が短いのだとしたら、生活が不摂生だったりしませんか？　これから健康的な生活を心掛けていけば、寿命も生命線も伸びていきますよ。

答え②　生命線近くをよく見てみてください。生命線がもう一本ありませんか？あれば、もうひとつ「命」があると見ることができます。「二重生命線」ですね。大きな病気や事故に遭ってももう一つの命が助けてくれるのです。それだけ、体も丈夫で守られているということで、簡単にはくたばりませんので大丈夫です。

答え③　生命線が途中で切れている人も安心してください。生命線の途中で枝分かれしたり、並行した線が長く伸びたりしていませんか？そうであれば、その時点で体質が切り替わっただけで、生命力は伸びていると言えますのでご安心を。

答え④　運命線が中指のつけ根付近まで伸びていたら、あなたはかなりの高齢まで仕事ができる人です。これまで仕事優先で、長生きしようと思って生活をしてこなかったかもしれませんが、健康的で無茶をしない生活をしていけば、長く生きられるでしょう。高齢になっても、元気でバリバリ働けるように、今から生活を変えてみるのがいいでしょう。

答え⑤ 知能線が長く伸びていたら、あなたは好きな分野に関して頭を使うのが得意のはずです。その能力を活かし、もし長生きしたいのなら、いい食品やサプリメントをリサーチしてみるのもいいかもしれません。運動を取り入れた健康法を研究し、普段の生活に取り入れるのもいいですよね。つまり、長生きするヒントを得られる人なのです。それを活かすべく、今日から実践してみてください。

答え⑥ 神秘十字線があれば超ラッキーです。この線は、ご先祖様に守られて導きがあるということ。つまり、大きな事故に遭わないように導かれ、大事に至らないのです。この線があったら、危ない目に遭いそうになっても何とかなって助かりますよ。

答え⑦

また仏心紋（親指の第一関節に目の形）があれば、九死に一生を得る人です。名前のごとく、仏様に守られ助けてくれます。つまり、窮地から脱することができるのです。だからといって無茶しないでくださいね。

Q

「財運線がないのですが、お金に困る人生なのでしょうか？」

答え①

財運線がなくても大丈夫です。水星丘（小指のつけ根の下）の膨らみを見てみましょう。そこが膨らんでいれば、あなたは本来、裕福になれるはずの人です。と言うのも、コミュニケーション能力がありますので、うまく活かせば商売上手と言われるくらい商才を発揮できます。財運線は、お金に関心の薄い人には出ない傾向にあります。だからと言ってあきらめる必要はありません。コミュニケーション能力を武器に、仕事を進めてみてください。きっと金運がついてきますよ。

答え②

太陽丘がふくよかだったり、太陽線が出ていたら安心してください。あなたは高い評価を受ける方で、人気者になれる人だからです。今はまだ満足できるくらいの報酬を得ていなくても、コツコツ真面目に取り組めば、そのうちに評価され収入に繋がっていきます。また、人気商売に向いているあなたは、個性を活かした仕事を目指しましょう。うまくハマれば評価はうなぎ上りになります。

答え③

月丘がふっくらしていたり、月丘から縦や斜め上に上がる線が出ていたら、あなたは他人に引き立てられ、そこからあなたに金運をもたらしてくれます。そんな流れをあなたは持っているのです。だからおつき合いする相手を選びましょう。すると、よきタイミングでステキな人がステキな仕事をもたらしてくれます。結果として、収入アップに繋がるのです。

答え④

金星丘がふっくらしていたら、健康状態が良好な証し。あなたには「健康」「体力」という武器があり、肉体を使って稼ぐことができるはず。そんな意識で仕事に向き合いましょう。道は自ずと開けてきます。

答え⑤

木星丘がふっくらしていたり、縦や斜め上に上がる線が出ていたら、あなたはリーダーシップを発揮できるタイプ。ただ面白いのは、野心家なのに、お金にはそれほど興味がないこと。でも、それでいいのです。お金に関しては、「なるようになる」くらいの心構えでいたほうが結果として財をもたらします。秘めたる野望を追求し、後輩を育成していくと、さらに金運に恵まれるようになります。

答え⑥ 運命線がしっかりと出ていたら、あなたは仕事ができる人です。普通にやっていれば、それだけで収入に繋がります。もし、いくら頑張っても、満足のいく収入を得られないようであれば、それは進むべき方向性が間違っているのかもしれません。適性などを見直すチャンスかもしれませんね。

答え⑦ 知能線が長く伸びているあなたは、頭を使って稼ぐことができるはず。得意な分野を突き詰めてみてください。その分野において、多くの人が喜ぶことは何なのか。自分よりも他人のため、という姿勢で物事に臨めば、自然とビジネスに繋がっていくでしょう。じっくりと考えて実践してみてください。

Q

「これまでモテた経験も、恋人ができたこともありません。手を見たら、やっぱりモテ線がありません。どうしたらいいでしょうか」

答え①

モテ線はみんなにあるわけではありません。でも丘や他の線にモテるサインが出ていることがよくあります。モテるということは、必ずしもフェロモンがあふれている状態とは限らないわけですから。その一つが月丘です。ふっくらしていて、縦や斜め上に上がる線が出ていたら、あなたは他人に引き立てられるタイプです。人間的な魅力があふれています。足りないのは勇気だけ。恐れずにいろいろな集まりに顔を出すこと。そうすれば、いつかきっとステキな出会いがあるはずです。

答え②

金星丘がふっくらしていたら、健康状態が良好。つまり、あなたには健康的なセックスアピールがあります。そこに自信を持つこと。そうすれば自然と輝いてくるものです。

答え③

流年法で見て、近い将来に結婚線が出ていたら、それはチャンスのときです。それが結婚したい年齢だったら、問題なく恋愛から結婚に繋がりそうですね。もし、結婚線は出ているけれどかなり先になりそうだったら、行動を早めてみましょう。紹介してもらう、パーティーに出かける、サークル活動に参加する……。そんなアクションを起こすことで、結婚に繋がるような出会いが早めに実現します。その頃、結婚線を眺めてみてください。きっと新たな結婚線が増えているはずです。

答え④

感情線の到達点（または向かう先）が、人差し指と中指の間に収まっていませんか？　そうであれば、あなたは家庭的な面を持っている人です。気になる人が現れたら、遠慮なく素の自分を出してみてください。きっと、真面目なおつき合いがはじまることでしょう。

答え⑤

濃い運命線はありませんか？　あったら、今のあなたは色気より仕事優先のようですね。それでいいのです。得意な仕事を頑張っていると、そんなあなたの姿を魅力的と感じる人が出てきます。いつもキリッとした仕事人間が、あるときフッと息を抜いて優しい面やユニークな姿を見せてみてください。そのギャップがいいのです。

答え⑥

長い、複数ある、先端が枝分かれしているといった知能線があったら、あなたは知性的な魅力の持ち主です。そんな自分をアピールしていきましょう。ただ、あまりインテリぶってしまうと逆効果となります。あくまでも自然体で、謙虚な態度で自分を表現してみてください。

Q 「運命線がないのですが、私は仕事ができないのでしょうか？」

答え①

月丘がふっくらしていたり、縦や斜め上に上がる線が出ていたりしたら、他人に引き立てられるというサインです。あなたに仕事を斡旋してくれたり、ビジネスに繋がる人や会社を紹介してくれる人物が現れたり、そんなチャンスが待っています。そういう機会が、これからも数多く現れますので、出会いを大切にしてください。ただ、気をつけていただきたいのは、あなたにとって尊敬できる人とつき合うことです。選別は重要です。

答え②

太陽丘がふっくらだったり、縦や斜め上に上がる線が出ていたりしたら、周囲の評価が高く人気者になれる人。だから心配ご無用です。今はまだ満足する評価が得られていないと感じていても、あなたには隠れファンが存在します。人気商売にも向くあなたは、個性を活かして、ユニークなことをすると、評判はうなぎ上りとなります。好きなことに打ち込むことが仕事で成功する近道です。

答え③

水星丘がふっくらしていて、財運線が出ているあなたは、金運がありますので心配ご無用です。また、コミュニケーション能力も高く商売向きです。あまりガツガツせず周りの人たちが心地よくなるような対応を心がけてください。そうすれば自然と仕事が舞い込んできて、結果的に収入もついてきます。

答え④

金星丘がふっくらしているあなたは、健康で体力のある状態です。頭よりも体を使ってバリバリ仕事ができるのです。どんどん現場に出かけて積極的に動いてみてください。運命線も知らず知らずのうちに濃くなってくるでしょう。

答え⑤

木星丘がふっくらしてたり、木星丘に縦や斜め上に上がる線が出ているあなたは指導者向きです。かと言って独裁者的でもスパルタタイプでもなく、きっと穏やかで、相手を尊重しサポートしてあげるようなアプローチが得意だと思われます。そういう意味で、カウンセラーやコーチ向き。偉そうな態度や言葉使いはあなたには向きません。優しいリーダーを心がけてください。

答え⑥

長い、複数ある、先端が枝分かれしている。そんな知能線であれば、あなたは勉強や研究が得意な人。好きなことや興味あることについて、どこまでも掘り下げていく凝り性タイプです。好きなことを仕事にすると生き生きと働くことができます。また、複数ある得意分野を組み合わせていくと、面白い化学反応が起こり、思ってもみなかった新しい事業の道が開けてくるかもしれません。仕事が軌道に乗ると、運命線も濃くなっていきますから、その変化も確認してみてください。

コラム

丘や線だけじゃない「手」のいろいろ

手の出し方、手や指の形でも性格がわかる

占い師が見ているのは丘や線だけではありません。あなたの外見や手の出し方、手や指の形でも多くのことを読み取っています。その一部を紹介しましょう。

①手の出し方

元気に出す人は、「明るい」「大胆」「気前がいい」人です。ゆっくり遠慮気味に出す人は、「慎重」「静か」「照れ屋」「受け身」な人。指をくっつけて出す人は「慎重」「誠実」「几帳面」、指をすぼめて出す人は「用心深い」「慎重」「心配性」「隠し

事あり」、逆に指を広げて出す人は「おおらか」「あけっぴろげ」「楽天的」といったタイプの人です。

②手の大きさ

大きな手の人は、「優しい」「慎重」「温かい人柄」といった性格の持ち主。一方、小さな手の場合は、「大胆」「決断早い」「積極的」「行動力あり」といった性格の人です。

③手の形

厚い手の人は「ポジティブ」「エネルギッシュ」「精力的」「おおらか」な性格、薄い手の人は「受け身」「孤立」「優柔不断」「不健康」、続いて柔らかい手の人は「ロマンティスト」「受け身」「情緒的」、そして硬い手の人は「堅実」「頑固」「保守的」な人でしょう。

④指の形

指の長い人は「繊細」「頭脳労働が得意」「慎重で思慮深い」「傷つきやすい」、そして「ロマンティスト」で「感性に優れる」人です。逆に指の短い人は、「エネルギッシュで積極的」「大胆で図太く行動力ある」ものの、「せっかち」で「気配りに欠け」「割り切りタイプ」の人でしょう。

それぞれの指ごとに見ていくと、親指は「精神的な強さ」「忍耐力」「意志」「健康状態」などを表し、がっしりとした親指を持っていれば「開拓者タイプ」と言えます。ただ、親指の先端がつぶれている人は、我が強い人です。

人差し指は、「権力」「支配力」『自尊心」「指図」などの意味があり、しっかりしていれば「リーダータイプ」、中指は「手堅さ」「思慮深い」「慎重」「常識的」などの意味があり、しっかりしていれば「研究家タイプ」、薬指には「人気」「人望」「名誉・名声」などの意味があり「芸術家タイプ」、最後に小指は「金銭」「商才」「言語」「伝達」といった意味があって、これがしっかりとしていれば「商売人タイプ」と言えます。

指の先端が尖っていると「優しい」「依頼心が強い」「自分で切り開くタイプではない」、丸い先端は「感受性」「社交的」「バランス感覚」「比較的安定的」、四角い先端は「慎重」「几帳面」「手堅い」、そして先端が広がっていると、「独立心」「チャレンジ精神」「開拓者タイプ」といった意味があるのです。

⑤線の濃さ

血流や健康状態がわかります。濃い線の人は血流は良いのですが、濃すぎると腎臓や肝臓に難がある場合があります。逆に薄い線の人は血流が悪く、受け身でバイタリティが弱まっているかもしれません。

⑥その他

それ以外にも、ほくろが四大基本線の線上にあると「障害」になります。ただ、手を握ったときに隠れれば大丈夫です。しわしわの手相の人は、「受け身」で「主体性に欠け」、「病弱」で「マイナス志向」の人が多いと言われています。また金星丘にたくさんの格子柄が出ている人は、「愛情豊か」で「優しい」人が多いです。

占い師は、あなたと会った瞬間から、こういったさまざまなことを見た上で、手のひらを凝視し、総合的に判断して、メッセージを伝えるのです。

気になったらペンで線を書く

よく「欲しい線がないんですが、ペンで書くと運勢って変わるんですか？」といった質問を受けることがあります。

深刻な表情を浮かべながら聞かれると大変恐縮してしまうのですが、正直申し上げると、ペンで書いても本物の手相にはなり得ません。しかし、意識して行動を変えるようになると、運勢も変わる可能性があります。

したがって、気になったら手のひらにどんどん線を書き込んでみてください。それを毎日眺めて、「こうなりたい」と行動を変えられたら習慣や運命まで変わっていきます。結果として手相も変化してくるはずです。

最幸手相

この章の最後に、幸せを引き寄せる最強の手相、名付けて「最幸手相」をご紹介しましょう。これらの線がすべて揃っていたら、まさに最強です。このイラストに自分の手を重ねてみて、なりたい自分を想像してみてください。そうすれば、幸せを引き寄せることができるでしょう。

過去は変えられませんが、未来は変えられます。思考や行動を変えた結果、運勢も手相も変わっていくご自身を楽しんでいただきたいのです。そうなれば、幸運は集まってきます。手相は、「幸福を引き寄せるツール」なのですから。

幸せを引き寄せる【最幸手相】

手を置いて、“なりたい自分”を心の中で唱え、瞑想してください

幸運を引き寄せます！

☆健康元気で体力に恵まれる！
☆海外と関わると更に開運する！
☆天下を取れるほど強いパワーと運がある！
☆ラッキーなことが常に起こる！
☆悪いことが起きないよう導きがある！
☆直感が冴え渡り、幸運になるための
インスピレーションが降りてくる！
☆チャレンジすれば、成功する！
☆フェロモンが溢れ、モテモテで愛される！
☆結婚にも恵まれ、地位名誉が上がる！
☆家庭にも恵まれ、家族に愛される！
☆個性が評価され、引き立てを受ける！
☆くじ運も良く、欲しいモノが手に入る！
☆仕事・人気・金運に恵まれ億万長者になる！

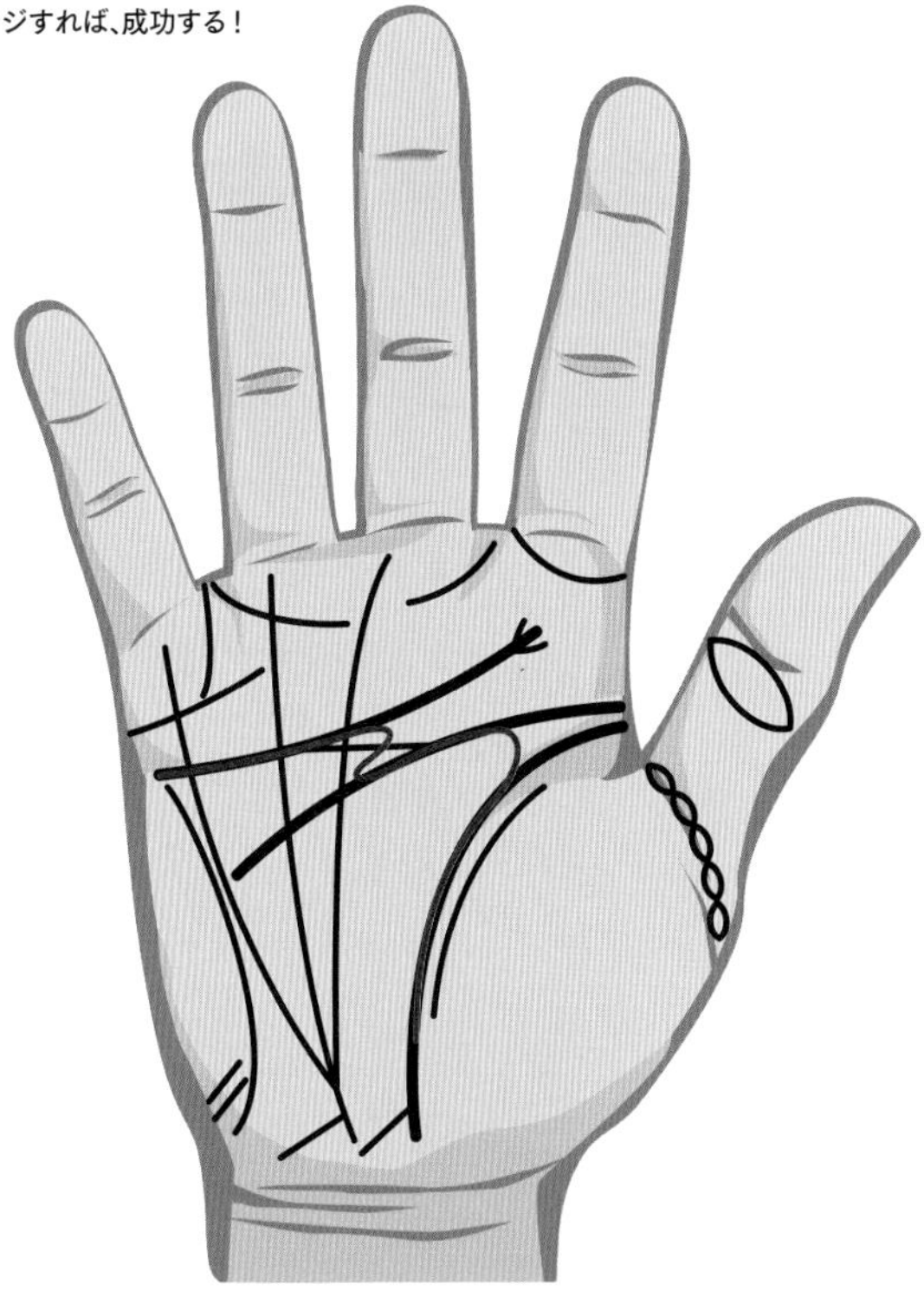

おわりに

最後まで読んでいただき、誠にありがとうございます。

もし、今のあなたがあまりいい状態ではないからと言って、悲観する必要はありません。手相を見て、たとえ思わしくない線があったとしても、この本で書いたように別の丘や線にいい兆候が現れていることが多々あるからです。

また、手相は三週間程度で変わっていきます。本書のアドバイスを参考に生活や環境を変えていけば、手相も、そしてあなた自身も自ずとよい方向へと向かうはずです。

そういう意味で、これからの人生の中で、再び道に迷ったり、立ち止まってしまったりしたときには、改めてこの本のページをめくってみてください。そこには、手相を通した解決策が書いてあり、再び前を向いて歩いていくことができるはずです。

私自身、四〇代後半に手相占いと出会い、その後の人生が一変しました。その

「変化」は自分でも驚くべきものでした。

それまでの私は一介のサラリーマン。仕事一筋の会社人間で、占いとかスピリチュアルな世界とは縁遠い人生を送ってきました。そんな私が、ある日突然、占いと出会い、大きな衝撃を受けたのです。今思えば「運命」としか言いようがない出会いでした。

その頃の私は、会社で重責を担う立場になっていました。しかし占いの魅力に目覚めた私は、多忙な日々の合間をぬって手相講座に通いはじめ、そこでいよいよ占いというものにのめり込んでいったのです。長い歴史に裏打ちされた手相の世界観は私を魅了しました。仕事は好きだし、やりがいも感じていました。でも、違う道もあるのではないか。手相を学んでいくうちに、どんどん占いへの想いが募っていきました。

そして決意したのです。

「人生の後半生は占いとともに生きていこう」と。

その後はまるで見えない力に導かれるように、とんとん拍子に占い師への道を突き進み、今では多くのお弟子さんを抱えるまでになりました。

手相には人生のすべてが詰まっています。もちろん悪い未来が見えるときもあります。でも、それは未来をよくするためのヒントだと思えばいい。つまり自分の手相と真剣に向き合えば、未来を変えることもできるのです。

本書を上梓するにあたり、多くの方々から力をいただきました。家族はもちろん、私の主宰する手相講座に足を運んでくださる「占い愛」に満ちた生徒さんたち、手相占いを築き上げてきた幾多の先人たちには、心から敬意と感謝の念を献じたいと思います。

そして太玄社の今井社長をはじめ、今回本書の制作に携わっていただいた「仕事人」の皆さん、特に太玄社の高山史帆さん、構成でご助力いただいたフリージャーナリストの田島靖久さん、協力編集会社の株式会社たま興業様には多大なお力添えをいただきました。この場を借りてお礼申し上げます。

この本が、あなたの人生にかけがえのない一冊になってくれることを心から願ってやみません。

川口克己

プロフィール

川口克己（かわぐちかつみ）
手相講座講師・風水鑑定師。

鎌倉フォーチュン HP
https://kamakuraf.com

癒しサロン「鎌倉フォーチュン」代表、占いサロン「ミクセリア」相談役。1962 年 2 月、横浜生まれ。法政大学経済学部卒業後、大手エンジニアリング企業の IT 関連会社に入社。
主に営業部門、マーケティング部門、会社役員を経験。2011 年元旦神奈川県鎌倉市小町に占い＆パワーストーン販売の「鎌倉フォーチュン」を設立・開店。現在は、占いやヒーリングの素晴らしさを広めるため、執筆・講演活動に奔走。占い業界の健全な発展と占い師の地位向上を目指し、同業界での活動や優秀な占い師の育成に力を注いでいる。

手相は丘が９割　幸運を招く手相術

2021 年 4 月 24 日　初版発行

著　者 —— 川口克己

編　集 —— たま興業
装　幀 —— 鈴木 学
ＤＴＰ —— 細谷 毅

発行者 —— 今井博揮
発行所 —— 株式会社太玄社
TEL：03－6427－9268　FAX：03－6450－5978
E-mail：info@taigensha.com　HP：https://www.taigensha.com/
発売所 —— 株式会社ナチュラルスピリット
〒101-0051　東京都千代田区神田神保町 3-2 高橋ビル 2 階
TEL：03－ 6450－5938　FAX：03－6450－5978

印刷所 —— シナノ印刷株式会社

ISBN978-4-906724-66-6　C0011